Arlette Farge

A REVOLTA
DA SENHORA
MONTJEAN

Arlette Farge

A REVOLTA DA SENHORA MONTJEAN

*A história de uma heroína singular
às vésperas da Revolução Francesa*

Tradução Maria Alice Doria

© Éditions Albin Michel, 2016
© desta edição, Bazar do Tempo, 2022
Título original: *La révolte de Mme Montjean – L'histoire d'un couple d'artisans au siècle des Lumières.*

Todos os direitos reservados e protegidos pela lei n. 9610, de 12.2.1998.
Proibida a reprodução total ou parcial sem a expressa anuência da editora.

Este livro foi revisado segundo o Acordo Ortográfico da Língua Portuguesa de 1990, em vigor no Brasil desde 2009.

EDIÇÃO
Ana Cecilia Impelliziери Martins

COORDENAÇÃO EDITORIAL
Meira Santana

TRADUÇÃO
Maria Alice Doria

COPIDESQUE
Juliana Costa Bitelli

REVISÃO
Elisabeth Lissovsky

CAPA E PROJETO GRÁFICO
Victor Burton

DIAGRAMAÇÃO
Julio Moreira | Equatorium Design

IMAGENS DA CAPA
CAPA:
La Dame au voile, óleo de Alexander Roslin, 1768.
Nationalmuseum, Estocolmo.
QUARTA CAPA:
Le baiser à la dérobée, óleo de Jean-Honoré Fragonard, 1787.
Museu Ermitage, São Petersburgo.

As imagens em estilo "rocaillle" que ilustram este livro são de autoria de Gaetano Brunetti, 1739.

BAZAR DO TEMPO
PRODUÇÕES E EMPREENDIMENTOS CULTURAIS LTDA.

Rua General Dionísio, 53 - Humaitá
22271-050   Rio de Janeiro - RJ
contato@bazardotempo.com.br
www.bazardotempo.com.br

SUMÁRIO

PREFÁCIO *6*

PERSONAGENS POR ORDEM DE ENTRADA NA NARRATIVA *12*

RÁPIDO RESUMO DA TRAMA *16*

MONTJEAN ESCREVE O SEU DIÁRIO *18*

CIDADE/CAMPO. DENTRO/FORA *28*

A "PINTADORA" *46*

OCUPAR-SE DE MANHÃ ATÉ À NOITE *54*

RISCOS JUDICIÁRIOS? *72*

MONTJEAN: UMA IMAGEM CONGELADA *84*

A SOCIEDADE DOS "PEQUENOS" LIBERTINOS, AMIGOS DA SENHORA MONTJEAN *92*

CAOS DEPOIS DO DUELO *116*

CONCLUSÃO. DRAMA SINGULAR *136*

BIBLIOGRAFIA *152*

OBRAS DE ARLETTE FARGE *156*

PREFÁCIO

Ao encontrar este diário manuscrito nos Arquivos Nacionais de Paris, na série Y dos processos judiciários, meu primeiro pensamento foi o de publicá-lo. É raro, realmente muito raro, encontrar um diário, quase cotidiano, escrito espontaneamente pela mão de um artesão. Cada palavra, cada frase, cada ausência de pontuação, o desenrolar dos acontecimentos, a caligrafia: tudo pedia para transmitir ao público uma parte da vida de um homem totalmente deixado para trás pela vida levada pela sua mulher, buscando sair da sua condição social, tanto por tédio como por desejo de outros prazeres mundanos. Eu bem sabia que seria impossível publicá-lo tal como está: de um lado, por ser tão difícil de decifrar e, de outro, por ser pouco legível diante da sintaxe peculiar, impossível de restabelecer em certos momentos.

Subitamente, me voltaram as longas discussões apaixonadas que tive com Michel Foucault há muito tempo, na ocasião da publicação dos pedidos de internação feitos pela família.[1] Para Michel Foucault, as cartas dos pais não tinham nenhuma necessidade de comentário, tão fortes e belas, trágicas e estéticas, infames e sublimes lhe pareciam. Timidamente, eu fazia oposição à ideia, falando da necessidade de inserir essas cartas no tempo histórico, no

---

[1] Com o filósofo francês Michel Foucault (1926-1984), a autora publicou a obra *Le Désordre des familles: Lettres de cachet des Archives de la Bastille au XVIIIe siècle* (1982), na qual descrevem dossiês, cartas ao rei, documentos e petições com pedidos de ordens e soluções para conflitos familiares no Antigo Regime. (N.E.)

contexto social e político, numa busca pelo imaginário, pelas sensibilidades e relações homens/mulheres. Como Michel Foucault se deixou convencer, nunca vou saber; em todo o caso, decidimos publicar as cartas, de acordo com certas temáticas, e acompanhar cada transcrição com um sistema contextual e interpretativo.

Ao descobrir o diário de um marido traído,[2] eu me reconciliava com a perspectiva comum usada por Michel Foucault e por mim mesma. Hesitei – não por muito tempo, tenho de reconhecer –, mas o suficiente para sentir a necessidade de empreender uma viagem acidentada, ao mergulhar nos fatos, nas formas como são apresentados, na sua razão ou loucura de existir. Não para fazer uma descrição exaustiva, o que teria pouco interesse, mas para seguir o caminho da imersão na mente e no coração de um marido artesão, perturbado pelo comportamento da mulher. Isso porque o diário relata inúmeras situações, todas historicamente apaixonantes e raramente lidas através da pena de uma pessoa pouco instruída, desamparada pela infelicidade, pela perda de seus bens, pela visão que tem de uma reputação que desaparece. Paisagens econômicas se sucedem às cenas das refeições, dos fatos e dos passeios. Brigas virulentas esboçam quadros venenosos. Sentimentos se organizam e se desorganizam: topamos com eles à medida que vamos lendo.

---

[2] Segundo o diário de Montjean, o artesão, escrito entre 1774 e 1775, é intitulado nos inventários dos Arquivos Nacionais: Diário de um marido traído, também conhecido por: *A disputa*, NA Y11741. (N.A.)

Será que é fazer História essa maneira de trabalhar, isolando um diário de setenta páginas manuscritas para dele tirar um saber? É uma pergunta que muitos farão. Para mim, é uma evidência: trata-se de História, mesmo que se trate da história de uma família e seus amigos, porque, por intermédio do que acontece, com grande quantidade de detalhes, se perfilam simultaneamente a intimidade de um casal e, também, a maneira como as classes sociais vivem o seu destino, seja rejeitando-o, procurando dele se afastar, seja aceitando-o por mil razões. Aqui se cruzam duas concepções de vida; além do mais, uma é masculina e outra feminina, numa época em que a questão do feminino atravessa todo o mundo social, dos filósofos aos autores, dos médicos aos artistas.

O cronista que narra os acontecimentos, sem distinguir entre os grandes e os pequenos, leva em conta a verdade de que nada do que um dia aconteceu pode ser considerado perdido para a história. (Walter Benjamin)[3]

Precisamente, esta história concerne à própria vida e ao seu sentido, à pressão imposta por uma condição social, às esperanças das mulheres e dos homens, ao desejo de sair deles próprios, às frustrações que disso decorrem.

---

[3] W. Benjamin, "Sobre o conceito da história", in *Magia e técnica, arte e política. Ensaios sobre literatura e história da cultura. Obras escolhidas - vol. 1*, 1987, p. 223. (N.R.)

Numa palavra, aos seus sentimentos de revolta. Acontece que nossa sociedade vê despertarem tensões similares: o tédio, a perda de sentido, o desejo de ruptura consigo mesmo. Foi preciso, enfim, a Revolução Francesa, a da indústria, a dos prazeres para que tudo mudasse. Esse mundo pode nos parecer distante, mas ele nos fala, pela voz de um casal, tenso e dividido entre o conformismo e o desejo de evasão.

PERSONAGENS POR ORDEM DE ENTRADA NA NARRATIVA

Senhor Montjean, marido da senhora Montjean, alfaiate fabricante de roupas da moda, que reside na rua Croix-des-Petits-Champs, em Paris. Também chamado no manuscrito de Demontjean.

Senhora Montjean, sua mulher, costureira que trabalhava para o marido nas encomendas, sendo algumas delas provenientes da Holanda.

Dois filhos, sendo um deles uma menina de quatro anos.

Senhor Rohault, pai da senhora Montjean, que mora no campo, em Gisors.

Senhora Cochereau, irmã da senhora Montjean e o marido *Senhor Cochereau*.

Senhor Demard, oficial, amigo da senhora Montjean, que ela conheceu no campo.

Senhor de Quintice, cunhado da senhora Montjean.

O pai do senhor Montjean.

Uma mulher pintora, chamada "pintadora" no texto, e seu marido empregado no escritório dos pobres.

Dufour, filho bastardo do senhor Bignon, amigo da senhora Montjean.

Riché, amigo do senhor Dufour, que se torna também amigo da senhora Montjean. Em dado momento, aparece ainda seu irmão. Os *Riché*.

Deligny, editor, primo da senhora Montjean.

Um rapaz tipógrafo, amigo da senhora Montjean.

Dubois, dançarino da ópera.

Bonod.

O irmão da senhora Montjean.

O saboiano.

O comissário Laumonier.

RÁPIDO RESUMO DA TRAMA

Após uma estada de um mês e três dias no campo, na casa do pai, acompanhada da filha de quatro anos, a senhora Montjean volta a Paris, para o marido, alfaiate, fabricante de roupas, na rua Croix-des-Petits-Champs. Desde o seu retorno, ela se recusa a trabalhar na butique e a honrar os pedidos, visto que a temporada na casa do pai, cheia de sociabilidade e de prazeres, reunida com amigos, persuadiu-a de que um homem "devia sustentar sua mulher", e que as ocupações de uma mulher são passear, cuidar da aparência e ter relações mais ou menos amorosas, na companhia de homens e mulheres de *status* social mais alto do que o seu. De repente, a sua vida lhe parece extremamente tediosa.

O senhor Montjean, exausto, sobrecarregado pelos acontecimentos, decide escrever a sua vida em 1774, procurando controlar sua mulher, impedindo-a de saquear suas economias e de invadir sua casa com amigos sem escrúpulos, grandes comilões e beberrões. Cenas sucessivas entre marido e mulher ocorrem diante dos empregados e, também, dos amigos da senhora Montjean. A violência entre o casal aumenta à medida que os dias vão passando. O senhor Montjean consulta parentes e cunhados para saber o que fazer: um resto de afeto pela esposa impede qualquer decisão. Os amigos Demard, Dufour, Deligny, Riché, entre outros, desempenham papéis diversos e duplos nessa história de mil aspectos incongruentes.

MONTJEAN ESCREVE O SEU DIÁRIO

Não saber nada sobre esse casal antes de 30 de março de 1774, dia em que Montjean decide escrever nas suas grandes folhas, é uma desvantagem e, ao mesmo tempo, uma sorte. A paisagem que ele desenha rapidamente é, para começar, a da estada da sua mulher na casa do pai, no campo, em Gisors: estada que durou por volta de um mês. Assim ele começa:

> No dia 30 de março de 1774, ela partiu para Gisors com nossa filha mais velha, a irmã, senhora Cochereau e o senhor Demard.[4] Ela fica um mês e três dias antes de voltar. Ela faz uma cena terrível com o pai, na casa de quem ela estava, tão violenta, que faz juntar muita gente na porta e embaixo das janelas, conforme me disse o seu pai.

Sem nenhum título,[5] sabemos apenas que o diário foi escrito pelo senhor Montjean; descobrimos, depois de um tempo, que ele é, sem dúvida, um modista artesão ajudado pela mulher costureira e por uma vendedora. Uma cozinheira, chamada Madelon, serve o casal. Não sabemos quando eles se casaram, mas a filha mais velha tem apenas quatro anos. Dispomos de algumas informações suplementares: o marido traba-

---

[4] O senhor Demard se tornará amigo da senhora Montjean e será abandonado por ela, depois da sua volta a Paris. (N.A.)
[5] Posteriormente, um título foi acrescentado ao dossiê mantido nos Arquivos Nacionais: *Diário de um marido traído* – título esse que não foi escrito por Montjean. (N.A.)

lha muitas vezes no exterior, em busca de encomendas. Certa vez, ele fala de uma viagem à Holanda e faz alusão a uma grande encomenda que teria conseguido da parte da senhora de Buci. Também não sabemos nada mais a respeito dele; a narrativa é centrada em sua esposa. A história contada não tem começo nem fim, mesmo que siga uma cronologia precisa, que vai de 30 de março de 1774 ao mês de janeiro de 1775 (ou seja, nove meses). Algumas folhas soltas, datadas de janeiro de 1776, não nos dão nenhuma informação especial. O diário é volumoso: sessenta e quatro páginas escritas com uma letra apressada, relativamente regular, sem ortografia correta e quase sem pontuação, como é costume entre as pessoas que têm pouca cultura. Existem até palavras ligadas, que não tornam simples a leitura, bem como adaptações ortográficas do tipo fonético.

Para dizer a verdade, não existe nem mesmo introdução. Montjean ouve o relato da desavença violenta que sua mulher teve com o pai e vai se revelar o escrutinador impaciente do que ocorre e do que ela lhe diz. Ele compreende que aconteceu um fato grave, que vai trazer grandes estragos afetivos e econômicos. Escreve rápido e assim chegamos, sem transição, à maneira pela qual ele sente vergonha da volta a Paris, um tanto surpreendente, da sua mulher, escoltada pelo amigo Demard, que ela convida para jantar.

> A FÚRIA DE ESCREVER

O autor (que interrompe a escrita às vezes, pois as datas o demonstram) se revela no papel como uma avalanche, levando, ocasionalmente, o leitor a uma história para boi dormir. Aqui e ali, uma ligeira emoção, uma verdadeira tristeza, indignação e fúria, embaraço e, sobretudo, grande impotência. As sessenta e quatro páginas dão a impressão de um homem prestes a se afogar, imerso na perpétua agitação da vida da esposa, e que, antes de afundar, agita os braços, cheio de raiva e desespero. Os detalhes fornecidos, hora a hora, sobre o que se passa em sua casa e a sua volta nos fazem, por vezes, sorrir ou duvidar; o leitor termina a leitura estarrecido, levado pela via sem saída que se apresenta.

Vamos dar um exemplo entre tantos outros:

> Eles [os amigos da senhora Montjean] ficaram na minha casa até às sete horas e como iam embora a minha mulher me disse para pedir que ficassem para cear eu não queria, no dia seguinte o denominado Riché veio ao meio-dia e meia ao sair do escritório visitar a minha mulher e ficou perto de duas horas ela o convocou para jantar o que ele aceitou aí eu voltei para casa às duas horas e nunca fiquei tão surpreso de encontrar o dito Riché em casa e minha mulher me disse que "ele queria ir embora eu o convoquei para jantar" não respondi nada e sentamos à mesa.

E Montjean encadeia:

> Minha mulher o convida para ir passear no Palais-Royal[6] ele fica até sete horas e volta para o seu escritório e de noite eles vão passear no Palais-Royal no dia seguinte veio cear e no Palais-Royal dois dias depois jantar e no Palais-Royal ora ele vinha jantar ora cear e passear todas as noites levando até o irmão isso agradava a minha mulher, ele não deixava de vir beber e comer em casa.

As ondas de fatos minúsculos, narrados sem parar, inundam uma praia desconhecida. Depois de uma ligeira estupefação diante do diário, aparece o verdadeiro interesse por tantas cenas, preocupações, reflexões, diálogos, agitações e disputas não somente entre um casal (os Montjean) mas, também, entre um círculo de amigos que aumenta e diminui ao sabor do vento. Nós compreendemos que não se trata de literatura; é um pedaço de vida, mais complexo do que um testemunho ou um relato autobiográfico. Provavelmente é uma queixa (mas as queixas assim, escritas, são bem raras); pode ser – mas é preciso se manter prudente – uma espécie de gênero literário inexistente: uma fúria e um desalento postos em palavras, procurando reparar o pior. Seria o relato de si

---

[6] Conjunto de prédios (cafés, restaurantes e salões de jogo) que cercam uma enorme praça e que era um ponto de encontro da moda de uma sociedade parisiense elegante e libertina. (N.T.)

mesmo, olhando viver uma mulher, que é a sua, sem realmente falar de si. Será que não nos aproximamos do lamento posto apressadamente no papel sem esmero da escrita, do mesmo modo desconcertado com que rabiscamos um pesadelo num caderninho, em geral carregado de anotações dos nossos mais belos sonhos?

Ao ler a exaltação compartilhada por todos os personagens e, sobretudo, pela mulher do redator, me veio a imagem de que o marido era uma espécie de aranha galopante, tecendo a sua teia com toda pressa, para que o leitor seja persuadido e convencido do que é dito ali. Eis um problema: Montjean "conta" a sua mulher, mas será que ele diz a verdade? Somado a isso, ele conserva sentimentos por ela e, último elemento, será que ele relata com exatidão (em todo o caso, é o mais provável) as palavras dela? Uma coisa é certa: os fatos são dificilmente inventáveis, tamanha a precisão que eles apresentam, até mesmo os triviais, fiéis a uma certa concepção da sociedade e das suas discrepâncias sociais. Sabemos que essa história é feita de acontecimentos minúsculos e singulares que permitem ao historiador estabelecer um passado complexo sem o continuísmo habitual dos relatos históricos, além de marcar as quebras e as rupturas da sociedade e perceber os dispositivos surpreendentes que a história factual deixa de detectar dessa maneira.

Esse diário pertence, afinal, a outra categoria, a de uma deploração; a narrativa, angustiada nas palavras, monta o retrato de uma existência que se torna insuportável. Acontecem tantas turbulências que somente a sua mulher e dois ou três amigos conseguem "surfar" nas ondas que eles mesmos criam.

Aqui, alguma coisa das vidas meio burguesas, meio libertinas, nos é contada, trazendo nelas a impossibilidade de existir em total liberdade, pois são confrontadas com a condição social e feminina. O casal se desfaz por si só; Montjean observa e sofre com a vontade de desenraizamento que se revela impossível e com a busca incessante da esposa por outro futuro, longe das limitações e do tédio do trabalho. Assim, o autor aparece com infinitos detalhes que fazem a felicidade do historiador, a fratura imediata entre categorias sociais que nunca poderão se misturar totalmente, sendo que algumas delas passarão a vida a invejar as outras. Tudo isso acontece até que se perca o equilíbrio. Migalhas insignificantes de vida são colhidas por nove meses, período em que vem à tona uma sociedade de artesãos meio abastada, onde a mulher é invadida pelo desejo de luxo ostentatório e de aparecer. Os dias relatados da manhã à noite sobre a maneira, metódica mas desesperada, pela qual sua mulher quer sair do seu invólucro, cheio de tédio e desejo, para se tornar borboleta – tudo isso tem um tom trágico. No entanto, a aristocracia e a alta burguesia nunca oferecem a ninguém suas borboletas coloridas; a porta está fechada para todos os que desejam entrar no jardim das delícias.

> POR QUE UM DIÁRIO?

De onde saiu, de fato, esse diário? Trata-se de um manuscrito encontrado, por acaso, nos Arquivos Nacionais, curiosamente inventariado. Ele estava na série Y, isto é, na imensa série dos arquivos judiciários conservados nos Arquivos Nacionais de Paris. Sua notação no inventário é a seguinte: *Y 11 741, Ofício do comissário des Ormeaux* (ou *Desormeaux)*[7] e dos seus predecessores, bairro da praça Maubert (um bairro pobre), sob o único título vago: *Documentos de diversas naturezas*. Além desse diário, encontramos documentos da administração da castelania de Seurre[8] do século XVIII; as sucessões do senhor de la Roche (XVII e XVIII), seguidos deste diário, intitulado: Queixas de um marido traído por Demard (Diário desde 1774).

A reunião de documentos de diversas naturezas é ainda mais enigmática porque, depois da pesquisa, o autor, Montjean, morador da rua Croix-des-Petits-Champs, não pertence à circunscrição do comissário Desormeaux. Além do mais, quando ele trata com a polícia é ao comissário Laumonier a quem se dirige. Pouco importa, mesmo que, ao fazer História, seja necessário ter uma grande precisão. Se quisermos refletir sobre esse longo diário, o método é simples, mesmo que não possamos seguir as regras habituais do trabalho histórico. Alguns mandamentos me são impostos:

---

[7] Como em francês se faz a ligação das palavras quando elas começam com vogal, podemos ler "Desormeaux". (N.T.)
[8] Seurre é uma comuna (menor subdivisão administrativa) francesa. (N.T.)

1. Esquecer algumas perguntas tradicionais e acadêmicas que todo historiador deve se fazer, pois aqui não poderíamos respondê-las;
2. Entrar em pé de igualdade nessa grande quantidade de vidas atrapalhadas e nos pedacinhos dos seus dias, por mais inacreditáveis que sejam, e situá-las num contexto social, político e econômico;
3. Seguir o filme da "representação" aqui mostrado, correr de cena em cena para descobrir alguns tesouros, fragmentos surpreendentes de vida e pouco visitados na história;
4. Prender-se progressivamente a vários tipos de meios sociais, aos seus desejos e exigências, à sede de honrarias, às transgressões para atenuar o que eles pensam ser suas mediocridades, com o objetivo de descobrir o que eles desejam ser. É preciso entrar no imaginário e na fantasia de todos, acompanhar os seus afetos, bem como o sentimento de tédio que, às vezes, os esmaga;
5. Tirar proveito das muitas descrições de cores, roupas, tipos de alimentos, maneiras de escrever, maneiras de ser com os empregados, os cocheiros, os fiacres[9] e mesmo com os "saboianos",[10] a fim de

---

[9] Fiacres eram veículos com quatro rodas e puxados por cavalos, destinados ao transporte de passageiros nos centros urbanos. (N.E.)

[10] O saboiano, vindo das montanhas para ganhar dinheiro na cidade, cuidava das chaminés e da sua limpeza. Também era usado para executar inúmeras pequenas tarefas, como fazer algumas compras, pôr cartas no correio, vigiar uma casa, dizer ao patrão se a sua mulher se comportava bem na ausência dele etc. (N.A.)

desenhar o mais fielmente possível a violência dos desgostos, dos desejos, dos amores e das vontades de uma sociedade específica;
6. Acompanhar, na sua agitação, uma mulher que quer ser livre e busca a emancipação que a sua profissão não lhe pode dar, bem como a "aparência";
7. Compreender essa revolta.

Uma história escrita na qual o "eu" narra uma infinidade de acontecimentos pessoais – cada um mais singular e atrapalhado do que o outro, sem começo nem fim – é um verdadeiro desafio para uma historiadora de boa vontade, apesar de acostumada a todo o tipo de escritas decifradas nos arquivos policiais. A ortografia é irregular, oscilante, e transcreve um fraseado oral que relata de maneira agitada e desequilibrada uma grande quantidade de fatos que se sucedem como uma cascata, sem nunca fazer pausa nem conexões entre eles. Trata-se de uma chuva de frases que caem no papel, revelando a raiva e a tristeza de um marido diante dos dias atormentados da mulher que se recusa a trabalhar e que o repetirá à exaustão.

CIDADE/CAMPO
DENTRO/FORA

Montjean se revela um narrador atento a todos os momentos da vida da mulher e dos amigos dela, bem como do destino dos seus bens e de suas despesas. Obstinado e preocupado, ele vê os aborrecimentos chegarem, incidente sobre incidente; com uma escrita febril, traço sobre traço, ele anota simultaneamente o que lhe contam e o que ele vê. Tudo é apressado no seu relato: as informações são dadas à medida que ocorrem. É uma escrita um pouco atônita, tomada pela pressa e pelas emoções.

Portanto, é normal que não haja introdução nesse diário, já que o objetivo de Montjean é não esquecer nada e fazer os incidentes desfilarem em alta velocidade, tais como se apresentam, de maneira abrupta.

A senhora Montjean volta do campo com a filha, acompanhada do senhor Demard, que ela conheceu por lá. Todo o mundo vai jantar na casa da sua irmã, a senhora Cochereau. Excitada pelo prazer da sua estada e pela nova companhia de Demard, de quem ela diz ser muito amável, "e que tem uma preferência por ela", a senhora Montjean pede ao marido para convidar o amigo para o jantar no dia seguinte à noite. Na hora marcada, Demard entra na casa de Montjean, "pelo braço da minha mulher", escreve ele. O marido se apressa a pôr a filha na cama e conta: "A noite foi de loucuras, bebedeira e de tapas que, rindo, minha mulher lhe dava. Em seguida, ele passa a vir duas a três vezes por dia."

> BELISCÕES, CHICOTES E CULOTES DESABOTOADOS

Num outro dia, a senhora Cochereau lhe conta com precisão as "loucuras" da temporada em Gisors, "entre outras, que elas haviam desabotoado o culote e dado uma chicotada em Demard; um convidado presente diz como Demard não tinha se vingado, se uma mulher desabotoasse o meu culote, eu lhe daria uma palmada na bunda, a senhora Cochereau, enrubescendo responde que ele era muito honrado para isso". Sem demora, Demard passa a entrar na casa de Montjean como se estivesse na própria casa e um conviva diz em segredo: "Como então, é você o oficial que se deixou açoitar pelas mulheres?; Demard responde: a senhora Cochereau não lhe disse que lhe dei uma palmada na bunda?"

O que significam essas cenas de "beliscões, chicotes e culotes desabotoados" numa classe situada entre a de artesãos[11] e uma certa burguesia? Fatos parecidos são encontrados com maior frequência na literatura erótica, censurada na época, ou então em versos maliciosos publicados às escondidas. Portanto, não devemos nos deixar enganar: a sexualidade e a sensualidade são traços dominantes do século das Luzes. Raros, com certeza, são os textos privados ou os interrogatórios da polícia que os mencionam tão cruamente. Já sabemos que as

---

[11] Neste contexto, a noção de artesão se refere a trabalhadores independentes, voltados para serviços ou produção de bens, muitas vezes proprietários de pequenos negócios. Compunham à época um importante grupo social, incluindo marceneiros, tapeceiros, padeiros, chapeleiros, entre outros ofícios. (N.E.)

relações homens/mulheres nos meios populares e de artesãos estão repletas de liberdades, algumas admitidas, outras escandalosas. Pois as mulheres nem sempre consentem, e há limites que não devem ser ultrapassados nas brincadeiras. Ainda mais raros são os casos em que a mulher toma a iniciativa em relação ao homem; acontece que no diário de Montjean é mesmo a esposa quem desabotoa Demard.

Nessa época, os temas do chicote e das palmadas mobilizam a literatura e as mentes. Uma certa liberdade de costumes, embora proibidos, alça voo: nesse movimento se reconhece uma distância constante das proibições, além de uma espécie de vontade mimética em relação ao espetáculo dos poderosos deste mundo, isto é, da Corte, dos príncipes e das princesas. Ao lermos o *Journal de Ménétra, compagnon vitrier* [Diário de Menetra, vidraceiro especializado],[12] publicado por Daniel Roche,[13] somos envolvidos pela vida desses trabalhadores sempre à caça, por onde passam, de momentos de prazer: "Os risos, as piadas, os jogos, as loucuras, e uma certa violência eram os polos importantes da vida popular." O ambiente contribui para isso, os cabarés, as ruas e as tabernas. Porém, no caso, a senhora Montjean está na casa do pai em Gisors, num castelo; a ausência do marido a excita e lhe permite transgressões não habituais,

---

[12] Para receber o diploma de "compagnon", o vidraceiro deve ter 2 mil horas de aprendizagem. São vidraceiros especializados que trabalham em fábricas. (N.T.)
[13] D. Roche, *Ménétra, compagnon vitrier au XVIII, Journal de ma vie*, 1982, p. 325. (N.A.)

ainda mais porque está longe de Paris, da vida monótona do ateliê e do olhar da vizinhança. "As relações sociais comuns são sexualizadas", escreve ainda Daniel Roche; e é nesse contexto especial que a senhora Montjean, que não queria nenhuma imposição, chocada com a pequenez de uma vida que ela execra, encontra prazer numa certa imitação das "maneiras libertinas";[14] imitação exagerada, diga-se de passagem, pois a libertinagem tem suas regras bem definidas, não tão maliciosas quanto as cenas contadas pela senhora Montjean.

Que esse tipo de diversão se passe nas refeições é significativo: misturar libações e licenciosidade sexual parece tão evidente quanto divertido. As cenas dão charme às refeições; alimentar-se e, ao mesmo tempo, se preparar para espalhar seus encantos e seu esperma são atos libertinos que remetem não só à sensualidade da época, como também à parte recalcada do meio libertino que se vê, pouco a pouco, rejeitado pela Corte, em benefício dos grandes burgueses que progressivamente tomam o poder. Evidentemente, uma vez que se trata de um movimento social, essas atitudes atrevidas correspondem a uma certa literatura muito difundida, se bem que censurada. Casanova e Sade representam a equivalência entre corpos desejáveis e alimentos; gostando de chocar, de teorizar sobre a recusa de limites, de devorar de alguma forma. Com Sade, houve violência e uma infinita lucidez: "De fato, a violência se exerce contra aqueles que sofrem a privação." "Este jantar, sem dúvida,

---

[14] M. Delon, *Le savoir-vivre libertin*, 2000, p. 175. (N.A.)

custou mais caro do que o necessário para alimentar dez ou doze famílias miseráveis durante um mês" (Sade).[15]

Montjean escuta o relato da mulher, mas não se deixa enganar. Sabe que ela está feliz de procurar viver acima dos seus recursos, libertina em pequena escala, com um certo sadismo bem suave, apesar de tudo; porém, ele fica assustado. Pensamos, então, no escandaloso processo de adultério no fim do século,[16] em que um marido desumano, mestre latoeiro que, querendo condenar a esposa por adultério, manipula falsas testemunhas para desmascará-la. Todos vão acusá-la de se "enrolar num tapete de rosas" com o amante, de encostar os joelhos e segurar o seu membro viril durante as refeições, de tomar licor na boca dele etc. Todas essas alegações se revelarão falsas, mas serão difíceis de desmentir, a tal ponto que os vizinhos artesãos, que escutaram todos esses insanos rumores, também são invadidos por um imaginário que os leva na direção da vida sonhada dos grandes libertinos, apesar do desprezo destes últimos por eles.

Montjean transcreve sem parar; cabe ao leitor seguir o ritmo dele e sua linguagem que imita pelas palavras a agitação das "loucas libertinagens". Ele segue o andar dos acontecimentos de uma maneira linear: ir por aqui, ver ali, beber, rir, se beliscar, voltar para outro lugar etc. A sua

---

[15] Do original: "'La violence en effet s'exerce contre ceux qui souffrent du manque.' 'Ce dîner coûta plus, sans doute qu'il n'eût fallu pour nourrir dix ou douze malheureuses familles pendant un mois.'(Sade)". (N.T.)

[16] A. Farge, *Un ruban et des larmes, un procès en adultère au XVIIIe siècle*, 2011. (N.A.)

pena rápida, escandida, é influenciada pelos batimentos sem fôlego do seu coração entristecido e confuso. Ele quer relatar tudo, provar o que ele vive, como se dá a sua mudança de vida, um curso normal das coisas abaladas por tantas aventuras inesperadas. O leitor sente suas emoções: a cada passagem turbilhonante contada pela esposa, como o ruído das rolhas das garrafas voando pelo ar, sentimos o seu rosto se crispar tanto quanto a sua caligrafia.

Acrescentemos ainda à exaltação do relato o que sabemos dessas refeições gastronômicas e pretensamente luxuosas. De acordo com uma tradição libertina que se amplia no meio do século, as conversas são desordenadas, sem pé nem cabeça. Todos são interrompidos rapidamente e passam para outro assunto, outros decidem zombar de um dos convivas, e eis que a caçoada se instala. É uma conversa volúvel, de palavras complicadas, opiniões extravagantes com escárnios e jogos de palavras, hipérboles que servem para desestabilizar o alvo a fim de dominá-lo. "Zombar" é um jogo vertiginoso, a manifestação violenta de um poder nascido da linguagem. Ao zombar, o homem pode subjugar uma mulher, pô-la a seus pés A senhora Montjean gosta do clima que lhe permite escapar da rotina e se presta ainda mais ao jogo porque ela se sente "grande" entre os grandes, já que se trata de um jogo que muitas vezes ocorre na Corte. Em *Les Égarements du coeur et de l'esprit* [Os descaminhos do coração e da mente] (1736-1738), Versac[17] descreve a arte da conversa:

---

[17] Personagem do livro de Crébillon Filho. (N.T.)

> Para ser viva, a conversa não poderia ser pouco seguida. Alguém fala, se deixa interromper por uma mulher que quer falar de sentimentos, é interrompida para ouvir um verso galantemente obsceno ou um fragmento de moral, se apressa a interromper tudo para não perder nada de uma história difamadora [...]. Por fim, um dândi atravessa o círculo e transtorna tudo para dizer a uma mulher, longe dele, que ela não tem ruge suficiente, ou que a acha bela como um anjo.[18]

O cronista Mercier critica violentamente a prática que, precisamente, desvia o sentido da conversa:

> A zombaria é uma troça contínua. Servem-se dela para levar a vítima a todas as emboscadas que lhe dirigimos; e divertimos uma sociedade inteira à custa da pessoa que ignora que a traduzimos em ridícula, abusada que é pelas desordens da polidez [...]. Essa maneira de zombar é lamentável porque não existe nenhuma igualdade.[19]

A senhora Montjean não vê nenhum perigo para a sua liberdade e reputação nessas brincadeiras, de tão fascinada por essas práticas que lhe são novas. Mas, por que Demard

---

[18] Citação de Versac in E. Bourguinat, *Le siècle du persiflage, 1734-1789*, 1998, p. 59. A segunda edição data de 2016, com prefácio de Arlette Farge. (N.A.)

[19] L. S. Mercier, *Tableau de Paris, vol. I*, 1994, p. 384. (N.A.)

volta para Paris, para a casa Montjean, sendo que estava no campo e, ali, era praticamente desconhecido de todos? Porque ele possui, de forma perfeita, a característica de, aos olhos da senhora Montjean, representar a figura mais adequada e mais sedutora do mundo ao qual ela quer pertencer. Por isso, ela se apropria dele. Então, ele é convidado para cear, depois convidado por dois dias, visitando-a duas a três vezes por dia. Sem fazer nenhuma cerimônia, ele dá o braço à esposa de Montjean e os dois se entregam às condutas brincalhonas que a deixam louca de alegria.

> O QUE QUER A SENHORA MONTJEAN

Não demora muito para a tensão aumentar entre os dois esposos: Montjean não suporta mais Demard; seu recurso é ir se queixar à cunhada, a senhora Cochereau, e ele "a repreende". Uma briga é desencadeada diante dos olhos da jovem vendedora, o que só atiça a raiva do artesão: ele sabe que ela contará para toda a vizinhança, o que, necessariamente, tem muitas consequências para a clientela. Ele precisa de uma reputação ilibada e de uma esposa honesta. Montjean pensa bem e, um dia, resolve falar com a esposa:

> Eu lhe digo delicadamente. Como minha mulher é impossível termos um estilo de vida como esse. Ela me diz irrefletidamente que não quer trabalhar, que não era feita para trabalhar, que cabe ao homem sustentar a mulher, que tinha visto na casa do pai muitas mulheres

que não trabalhavam e que seus maridos tinham empregos e que se eu a impedisse de receber Demard que ela decididamente não trabalharia mais que eu era um perverso ciumento.

Montjean recita febrilmente a lista das opiniões dela: "O que eu preciso, acrescenta ela, é de companhia, de passear e depois ir à Comédie".[20] Desde que ela volta do campo, o "dentro" tornou-se insuportável. Trabalhar "lhe toma a vida", diz ela, e a impede de estar "fora", onde reside a felicidade: se mostrar, "aparecer", passear, tudo o que, em suma, organiza o delicioso modo de vida das pessoas abastadas. "Por que ela seria privada disso?"

Esse comprido palavreado da senhora Montjean, fortemente argumentado, é o momento chave da discórdia entre marido e mulher. Isso será repetido dezenove vezes ao longo do diário, com os mesmos termos, tal qual uma antífona. Ela "viu" o mundo, escreve Montjean, e seu destino parisiense definitivamente lhe parece um confinamento. Como um passarinho que vê o céu atrás das grades, ela esquece tudo da sua condição, das suas responsabilidades econômicas, para alçar voo em direção a outros horizontes povoados de passeios, de voltas no lago e de amizades mais ou menos sérias. Por trás desse apetite de viver de maneira diferente do que o seu *status* social lhe permite, surge outro sentimento, o de

---

[20] A Comédie Française ou Teatro Francês é uma instituição cultural, fundada em 1680 e, desde 1799, localizada no centro do Palais-Royal, em Paris. (N.T.)

uma inveja em relação às classes sociais dominantes, as grandes burguesas enfeitadas de bugigangas e de leques que a maravilham; portanto, ela se sente apenas a "serva" diante da nobreza, cujos apetrechos ela admira. A vida luxuosa que inunda as ruas de Paris em 1775, no mesmo momento em que as revoltas ocasionadas pela fome abalam a capital e a França, é, para a senhora Montjean, a única realidade que conta, bem antes das pilhagens de padarias, da revolta e da penúria. Isso pouco lhe importa; pelo menos o seu silêncio a esse respeito é revelador. Um espelho se abre para ela: a frequência folgazã das idas e vindas que homens e mulheres ricos fazem nos jardins, nos espetáculos, nas tabernas e nas margens do Sena. Locomover-se, ir, vir e voltar a qualquer hora – isso é a felicidade. Ela está com o coração cheio de inveja, de frustração, de amargura.

Montjean descreve tudo o que compreende dela e dos seus desejos. Ele tenta de todo jeito seguir a mulher o quanto pode e seu trabalho permite. Ele até escreve, no fim do diário, quando as disputas são incessantes: "Eu a amava e faria de tudo para fazê-la feliz", tinha afeto por ela, temia pela sua reputação e também pelo patrimônio deles, rapidamente dilapidado. Por isso, ele corre daqui para lá, entre duas encomendas, para encontrá-la, saber onde ela teria ido jantar, se voltaria à noite para cuidar da filha pequena e se, por acaso, não estava nos braços de algum libertino. Todas as noites, ele esbarra nas declarações da mulher e na sua própria preocupação de ver a clientela se afastar quando o trabalho não é entregue aos destinatários. A raiva dele aumenta: "acontece que ela me dá respostas curtas e boas [com vivacidade]", caindo em "deploráveis irritações". Um dia, ele confia ao diário

> que ela é a desonra de Gisors e que se comporta mal; ela mostra um comportamento terrível, sapateia tanto que eu achei que os espelhos iam estourar, que ela não era feita para trabalhar. Que no seu povoado as mulheres liam na janela, e que ela queria usar ruge para ser notada e receber todo o mundo e os conselheiros que lhe haviam feito a corte em Rouen e prometeram vir vê-la em Paris.

As reivindicações dessa esposa são singulares para o século: a obsessão que ela manifesta – de não trabalhar e da obrigação do marido de sustentar a mulher, tão firmemente declaradas – nunca é encontrada assim enunciada nas queixas habituais das mulheres contra os maridos. Encontramos, com mais frequência, mulheres que vão ao comissário de polícia por causa de maus-tratos, seja para se queixar de um marido que lhes tira o próprio salário, o que já é um começo interessante de uma vontade de relação recíproca com o dinheiro: a cada um, o salário do seu trabalho. Rara é a mulher de artesão que se recusa a trabalhar, proclamando que esse não é o seu papel, mas antes o do marido.

Podemos nos precipitar com uma interpretação um tanto simples; aliás, ela surge logo na primeira leitura:

a senhora Montjean seria "feminista" antes da hora, dado o seu desejo de liberdade? Pode ser... Mas seria essa demanda a imagem de uma possível emancipação que se dirige a todo o sexo feminino no fim do século XVIII ou obedeceria a outro critério, a relação tão particular entre as classes médias e as classes ricas do fim do século XVIII?

Nesse período tão conturbado, os mais pobres se insurgem contra o pão caro durante uma séria revolta. Foi em 1775, a chamada Guerra da Farinha: os rebeldes, indignados com a carestia do pão, saqueiam as padarias e enfrentam violentamente a polícia. A revolta se dissemina por toda a França. Além disso, há um verdadeiro aumento do poder das profissões femininas e, sobretudo, do lugar social aparente que ocupam as comerciantes de moda, de perfumes e de tecido das grandes cidades. Elas eram comerciantes reputadas; e o luxo dos ricos as obriga à confecção cada vez mais sofisticada e abundante. Ninguém duvida que essas profissões nada fáceis, ligadas à produção de roupa das grandes burguesas e das aristocratas, contribuem para a autonomia das mulheres.[21] As comerciantes de moda, ademais, gozam de independência econômica; elas empregam aprendizes, operárias e vendedoras. Daí que convivam constantemente com pessoas abastadas e, como as domésticas das casas de ricos sempre fizeram, se impregnam com

---

[21] D. Roche, *La Culture des apparences*, 1988, p. 288. [Ed. bras.: *A cultura das aparências*. São Paulo: Editora Senac, 2007.] (N.A.)

os hábitos dessa sociedade, que não é a delas, adquirem certas posturas e desprezam as mulheres da confecção de *status* inferior. Em geral, são verdadeiras personalidades; podemos vê-las representadas em inúmeras pinturas e gravuras da época, "acolhendo" as mulheres da alta sociedade.

O ambiente da confecção de roupas é complexo[22] pois, além do progresso invasor do luxo e seus ornamentos, existem muitos ateliês voltados para as classes menos abastadas, assim como butiques que fornecem os produtos da moda. A roupa e a aparência passam a desfrutar de grande importância. Nas butiques dos artesãos, as esposas trabalham ao lado dos maridos e têm real poder sobre o bom andamento dos negócios, bem como sobre os ajudantes que trabalham na confecção; porém, mesmo controlando "o dinheiro", elas não gozam de verdadeira independência econômica. Louis Sébastien Mercier, destaca, com razão, o lugar dedicado à mulher:

> Ela trabalha junto com os homens e se sai bem, pois sempre controla um pouco de dinheiro; existe uma perfeita igualdade de funções; o relacionamento do casal vai bem pois a mulher é a alma da butique; [...] Essas mulheres, que não são inativas, têm mais autoridade no casal e são mais felizes do que as mulheres dos oficiais de justiça, dos procuradores, dos amanuenses de escritórios, que não tocam no dinheiro

---

[22] D. Roche, op. cit., p. 290. (N.A.)

[...] A esposa de um comerciante de tecidos tem mais escudos[23] a sua disposição.[24]

Esse esquema socioeconômico – que, provavelmente, não era respeitado pelos Montjean – não é conveniente para a esposa, e o equilíbrio descrito por L. S. Mercier não é o que senhora Montjean deseja; ela busca, não a ação e os benefícios de um trabalho reconhecido, mas a inação e os prazeres: seu objetivo é a vida luxuosa e festiva. Mercier a descreve como participando em pé de igualdade do jogo sutil das aparências e das festas, sem, no entanto, efetivamente conseguir realizá-lo, pois a sua condição social intermediária impede que ela alcance tal domínio. Para ela, a liberdade é sinônimo de prazer, sem que perceba que aquilo que os comerciantes de moda conquistam é feito a partir de ligações sociais e econômicas com os clientes, assim como de compromissos respeitados. Ao recusar qualquer trabalho, ela não se conscientiza de que pula uma etapa, e que a lacuna jamais será preenchida diante da situação da butique do marido.

Sua reivindicação: não fazer nada, ser alimentada e "ter sociedade"; isso é fruto de um dos impasses sociais no qual estavam mergulhados os últimos anos daquele século. É fascinante e, ao mesmo tempo, insuportável para uma boa parte da população parisiense as-

---

[23] Moeda francesa criada na Idade Média, inicialmente de ouro e depois de prata. (N.T.)
[24] L. S. Mercier, op. cit., p. 454. (N.A.)

sistir todos os dias ao espetáculo dos ricos passeando nos Champs-Élysées, sempre seguidos de uma corte de mulheres humildes desejosas de passar a mão nos tecidos dos seus vestidos e saias. Os relatórios do guarda dos Champs-Elysées, Federici, fazem menção a esses pequenos fatos cotidianos. Ele toma o exemplo da princesa de Lambale:

> Dia 13 de abril de 1778. Ontem, o populacho imbecil seguiu a senhora princesa de Lamballe, que passeava com uma dama de companhia. Eu tive a honra de lhe oferecer a possibilidade de afastar a multidão. A senhora Lamballe recusou [...]. Pouco depois que a princesa foi embora, a senhora de Boulogne passou pela mesma cena, porém terminou-a mais rapidamente, recuando para subir no seu veículo. É verdade que, ontem, dava para acreditar que toda a alta sociedade de Paris estava no Champs-Elysées.[25]

Trabalhar nos tecidos não é o objetivo da senhora Montjean; ela quer estar vestida com eles. Para ela, o mundo aristocrático possui o impensável e o desejável: as carruagens, os tafetás, os empregados de libré, as formas exacerbadas da vida libertina. Sim, no alto da hierarquia, as mulheres que não trabalham se apropriam de todas as delícias; e o desejo de estar entre elas a sufoca. Na verda-

---

[25] Federici, *Flagrants délits sur les Champs-Elysées*, 1777-1791, 2008, p. 17. (N.A.)

de, será que não há falta de pudor nesses desfiles constantes de riqueza, de luxo, mostrados pelos aristocratas na saída da ópera?

O drama da senhora Montjean é o mesmo da sociedade popular: aristocrata ou dama de sociedade, ela nunca será. A sua busca de identidade passa pelo seguinte brado: "Cabe ao homem sustentar uma mulher." Ao querer imitar a vida e comportamentos dos nobres, se aproximar dos seus códigos e hábitos, eis que ela acaba por se parecer, aos olhos da família e da vizinhança, com as mulheres de má conduta. Mas o que torna Montjean dependente do trabalho da mulher?

Na realidade cotidiana e na estrutura habitual do ateliê, tal como ocorre no século XVIII parisiense, a presença da esposa do mestre artesão é essencial. Ela tem obrigações: dirige os ajudantes, os operários, os vendedores da loja, muitas vezes administra os contratos e recebe as visitas das importantes pessoas com profissões reconhecidas, que pertencem a uma corporação. É ela que cuida dos aprendizes, enquanto o marido se dedica aos negócios, viajando para o estrangeiro a fim de obter encomendas, tal como o faz Montjean, frequentemente solicitado na Holanda. Por economia, ele vai muitas vezes a pé pelos caminhos. Durante esse tempo, sua mulher é indispensável. Sabemos também que, bem a par da vida dos negócios, ela manuseia o dinheiro. O marido não só precisa dela, para a sua profissão, mesmo que ela não seja remunerada, como também espera da sua presença uma postura de honestidade e de sociabilidade que atraia os clientes.

No bairro, a vida privada da mulher do mestre artesão é observada, e os seus hábitos de vida contam muito para a reputação do negócio. Por isso, compreendemos que Montjean esteja preocupado, pois a sua mulher representa uma engrenagem importante; além do mais, ela dispõe de uma verdadeira responsabilidade socioeconômica, à qual em geral está ligada. Acontece que o aspecto responsável e importante da vida de uma mulher de mestre de ateliê é tido como desprezível pela senhora Montjean, que sonha com degraus mais altos. Os relatos de Montjean apontam para várias direções: ele não está nem um pouco satisfeito de ter uma esposa voltada para a libertinagem; pelo contrário, está mais do que preocupado de ser pouco a pouco espoliado de seus bens e honra por causa das más frequentações dela.

A "PINTADORA"

A senhora Montjean gosta de mudar de opinião e de relacionamentos; eis que Demard, o amigo de Gisors, é gentilmente afastado. Ela deixa de vê-lo, de se preocupar com ele e com sua aparência física e, depois, se desinteressa totalmente de Demard. No entanto, antes dessa ruptura, ele fica doente. Preocupada, ela pede a sua cozinheira que, duas vezes por dia, vá saber notícias dele; nesse meio-tempo, ela dá um jeito de passar o mais constantemente possível diante da janela dele, tentando vê-lo. Finalmente, uma manhã ela o vê: perplexa, percebe "que ele usa uma touca de dormir sem fita na sua touca". Achando isso de uma surpreendente vulgaridade e um evidente "descuido da aparência", ela volta rapidamente para casa e lhe faz imediatamente uma bela "fita de duas alnas",[26] bem mais na moda. Será que ele se finge de "doente" para que ela tenha pena e possa seduzi-la de novo? Não se sabe. Isso não impede que o idílio com Demard termine; surge um novo e imperioso desejo na senhora Montjean. Seu marido escreve: "Em 29 de maio ela passa a ir numa 'pintadora' no hotel de Soissons para me dar de presente o seu retrato, diz ela."

> POSSUIR UM RETRATO SEU

Decisão significativa: o retrato faz parte dos hábitos comuns das pessoas mais abastadas. Prova de amor ou nar-

---

[26] Medida de comprimento que corresponde a três palmos. (N.E.)

cisismo, ele é indispensável à alta sociedade. As burguesas também os adoram; as sessões na casa do pintor ou das pintoras são muitas vezes frequentes e longas. Ter um retrato, ou ainda recebê-lo, é sinal de posição social, um espelho de si mesmo e um poder exercido sobre o outro. Como observa Mercier, sardônico, "uma multidão de maus pintores vive de seus pincéis ignaros: eles pintam como alguns fabricantes de perucas penteiam".[27] No entanto, o retrato representa um ato fundamental. Bem mais tarde, Aragon[28] voltará a falar sobre o sentido desse hábito:

> O retrato é uma aquisição muito singular da mente humana [...]. Ele desempenhou um papel decisivo na arte. Tinha suas razões sociais de ser. Manifestava a continuidade de uma família. A cada variação da sociedade, quando outros homens e os seus atingiam o poder, era preciso, por sua vez, mandar fazer o retrato na falta de ancestrais.[29]

Apropriando-se desse costume burguês, a senhora Montjean procura aumentar seu *status*, ainda mais em se tratando de uma cena pública, organizada com a presença de várias testemunhas e amigos.

A sessão na casa do pintor parece copiada de uma cena de teatro: no recinto, "apreciadores" assistem à sessão,

---

[27] L. S. Mercier, *Tableau de Paris, vol. II*, 1994, p. 1266. (N.A.)
[28] Louis Aragon (1897-1982) foi um célebre escritor francês, um dos expoentes do Surrealismo. (N.R.)
[29] L. Aragon, *Henri Matisse, Roman*, 1971. (N.A.)

dão opinião e comentam os gestos do pintor. A pessoa pintada deve ficar totalmente satisfeita com esse exercício narcísico, pois o marido ou o amante dão o seu parecer: acontece até de eles não quererem que os defeitos do rosto sejam encobertos, defeitos esses que eles apreciam ternamente. Não conhecemos a decepção do amante de Julia em *Júlia ou a nova Heloísa*[30] diante do seu retrato? "Ele esqueceu", escreve ele, "a pequena cicatriz embaixo do lábio. Ele fez os cabelos e as sobrancelhas da mesma cor, o que não é. E não fez essa mancha quase imperceptível que você tem embaixo do olho direito [...]. E não fiquei nada contente com ele".[31]

Alguns preferem os movimentos do rosto e seus defeitos a qualquer falsa beleza, pois, ali, a alma transparece. Aliás, essa era a maneira de Greuze[32] pintar. Tanto para Diderot[33] quanto para Rousseau[34] e outros, a fisionomia precisa ser transparente. A cerimônia pictural estava na moda, não pode mentir; a virtude ali se inse-

---

[30] Trata-se de um romance epistolar publicado em 1761. O enredo envolve o romance entre Julie d'Étange, uma jovem nobre, e seu preceptor, Saint-Preux, homem sábio de origem pobre. A relação improvável, por conta da distância de classe, permanece em segredo e impossibilitado de se concretizar plenamente. J. J. Rousseau, *Júlia ou a nova Heloísa*, 2006. (N.R.)
[31] A observação e a citação foram tiradas de P. Perrot, *Le travail des apparences ou les transformations du corps féminin, XVIIIe - XIXe siècle*, 1984, p. 93-94. (N.A.)
[32] Jean-Baptiste Greuze (1725-1805), pintor francês. (N.T.)
[33] Denis Diderot (1713-1784), escritor, filósofo, enciclopedista, crítico de arte, crítico literário e tradutor francês, do século das Luzes. (N.T.)
[34] Jean-Jacques Rousseau (1712-1778), genebrês, escritor, filósofo e músico. (N.T.)

re. Alguma coisa de sinceridade deve aparecer através dos traços femininos tão constantemente mascarados pelas maquiagens. O tom, a voz, o gesto, a expressão fazem descobrir o íntimo; o retrato mais bonito, mais exato é aquele que sabe transmitir essa interioridade, essa individualização. Porém, não são estes os códigos da senhora Montjean pois, para ela, os longos momentos na casa da "pintadora" têm outro objetivo: ela conhece pessoas jovens.

> ESTAR ACOMPANHADA

Embalada por novos conhecimentos, e Demard já esquecido, ela se torna amiga de um tal Dufour. Dizem que ele é o filho bastardo do senhor Bignon; com ele, a senhora Montjean se entrega a "muitas loucuras", como dizem. Montjean escreve no dia 29 de maio de 1774:

> Todas as tardes ela está na casa dessa pintadora e ali conhece gente jovem entre outros um tal Dufour bastardo do senhor Bignon, com quem ela faz muitas loucuras, uma noite ela me diz que na casa dessa pintadora há um tal Dufour que vai lá todos os dias que ele é bem alegre e bem amável.

Dufour seria um outro Demard? Houve Demard, haverá Dufour, depois Deligny, o primo.

No dia seguinte, ela leva o amigo e primo Deligny à casa da "pintadora de retratos" e lhe diz para posar. "Três dias depois dando dois luíses[35] à mulher pintora ela lhe entrega o retrato." Com alegria e exuberância a senhora Montjean passa as tardes no salão. Ali encontra todos os tipos de companhia: uma comerciante de moda mantida por um padre, homens de profissões e ocupações indistintas. A alegria reina nesse círculo e Deligny, orgulhoso do seu retrato, convida todo mundo para jantar na sua casa. Eles se entregam, então, "a joguinhos depois do jantar até uma hora da manhã, e ao ir embora de noite minha mulher os convida para vir jantar no dia seguinte eles ficam até duas horas da manhã; e vêm quase todos os dias beber e comer em casa com o amigo Dufour e os outros", escreve Montjean.

É a partir dessa nebulosa social, com o perfil mal situado pelo narrador, que se constitui todo um processo sociológico de encontros, jantares, ceias, diante de um Montjean perplexo e sem controle do que ocorre, incapaz de conter a precipitação da mulher em se tornar aquilo que ela não será jamais. Dia a dia as coisas se agravam. É preciso agora destacar nesse impressionante diário as surpreendentes marcas da necessidade de parecer que contaminam não apenas a senhora Montjean, como também uma parte da sociedade que a cerca e que se aproveita dela. Sem contar, aliás, a maneira de decorar os interiores com vidros e espelhos, o que supostamente cria uma poética do reflexo, de jogos de luz e sombra, permitin-

---

[35] Moeda de ouro francesa cunhada de 1640 a 1792. O nome é derivado do rei Luís XIII, que foi o responsável por mandar cunhar essa moeda. (N.T.)

do se ver e ser visto. Na casa da "pintadora", tudo era à meia-luz, iluminado por alguns candelabros que faziam tremer os rostos que se olhavam nos espelhos. O retrato continua fixo num ambiente em que a luz suave valoriza a beleza das formas. Ver, ver-se; fazer-se pintar, ser pintado; entrever-se também para se ocultar um pouco... Era assim que, na época, tanto os pintores como os eruditos se interrogavam sobre o jogo de luz e sombra e sobre a gama das cores.[36]

No salão de pintura, tudo se desenrola com vivacidade e comporta detalhes que contam melhor do que qualquer discurso a história da confrontação entre homem e mulher, o desejo e o ciúme, o mimetismo social, o jogo masculino, a implacável distância entre as classes, os gostos e os gestos. Lembremos, pois, que o salão da "pintadora" não é o de uma aristocrata.

---

[36] Citação de Versac in E. Bourguinat, op. cit. (N.A.)

OCUPAR-SE DE MANHÃ ATÉ À NOITE

Apesar das censuras, das admoestações da família, das ameaças de processo na justiça e de enclausuramento, a senhora Montjean continua do mesmo jeito, se esquivando de tudo com ataques de raiva e gritos.

O marido decide desabafar com o sogro, senhor Rohaut, que vai a Paris. Este último se aborrece, decide não ver mais a filha, magoado com as cenas que viu sob o seu teto. E eis que ele detalha ao genro as loucuras da jovem:

> Ela me desonrou no meu povoado que ela havia se relacionado com amantes e mundanas que ele lhe havia proibido de ver e que ela se havia desonrado pelo seu comportamento no modo de pensar de muita gente na sua casa que ele não queria vê-la nunca mais eu contei para ele toda a minha vida desde a volta dela ele me diz que é preciso mandar prendê-la eu não quis.

Montjean se recusa a mandar encarcerar a esposa. Não ouve nenhum conselho nesse sentido.

O sogro continua a sua diatribe. Ele explica delicadamente a Montjean que a vida dele vai, com certeza, piorar e insiste para que ele assine uma carta "e em 24 horas", diz ele, "ela estará num convento eu pagarei sua pensão e não te peço nada". Montjean não pode consentir pois, ele escreve, "ainda tenho pena da minha mulher. O pai me diz que se eu me recusar vou me arrepender e ela vai tentar muitas outras, desonrando as irmãs. Diga-

-lhe que ela é uma indecente, me dê a sua assinatura, o que eu não quero".

> A AMEAÇA DO CONVENTO

Em muitos aspectos, Montjean é comovente: ele recusa essa solução tão comum na época. Ligado à sua mulher e aos filhos, ele perde todo o controle – da família, da sua atividade econômica e de suas amizades. Não lhe resta nada a não ser "ofegar" no seu diário, onde vemos sua mulher se perder, em todos os sentidos, enquanto ele continua a segui-la, apesar de tudo. Quando a senhora Montjean fica sabendo que o pai pensa em colocá-la no convento, ela perde o controle, batendo os pés, gritando com todas as suas forças, respondendo "curta e grossa" a qualquer questão, exagerando em tudo. O medo de ser enclausurada deixa-a em pânico, mas nada pode arrebatá-la de seus desejos; acontece que os pedidos de enclausuramento, feitos por meio de cartas escritas pela família com lacre do rei, ainda eram frequentes na época.[37]

O pavor de ser posta no convento é grande, num momento histórico em que tantas mulheres vão para lá levadas à força, por vontade do pai ou do marido. Não é surpreendente que a senhora Montjean expresse o seu terror

---

[37] Essas "lettres de cachet", assinadas pelo rei, eram escritas pelas famílias que achavam que um de seus membros estava levando uma vida de libertinagem, de delinquência ou dissipação. A. Farge; M. Foucault, *Le Désordre des familles. Lettres de cachet des Archives de la Bastille*, 1982. (N.A.)

com acessos de raiva. A literatura usou essa inquietante tradição – o enclausuramento no convento – como um de seus temas favoritos. Podemos lembrar-nos de *A religiosa* de Diderot (escrito entre 1760 e 1763), lançado somente depois da sua morte. O autor se inspira na realidade e, sobretudo, nos inúmeros discursos dos salões, principalmente no da senhora d'Épinay.[38] Quem seria, então, essa religiosa chamada Suzanne, uma das três filhas da família Simonin, rejeitada pelos pais porque era fruto de um adultério? O noivo da sua irmã mais velha se interessa por ela, pois era mais bonita do que as irmãs, e confessa isso à mãe dela, que, imediatamente, a coloca num convento. Os pais a forçam a vestir o véu. Ela fará de tudo para escapar desse enclausuramento ou, ao menos, viver como queria, no sofrimento e na libertinagem. Numa cena central do livro, conta-se a sua decisão; um dia ela vê uma mulher escapar da cela:

> Nada presenciei, jamais, de tão hediondo. Desgrenhada e quase sem roupa, ela arrastava cadeias de ferro; tinha os olhos desvairados [...] vi minha sorte daquela desafortunada, e imediatamente decidi, dentro de meu coração, que morreria mil vezes antes de me expor a tanto.[39]

A senhora Montjean não leu *A religiosa,* mas os temas do enclausuramento, do convento, do sofrimento,

---

[38] Madame d'Épinay foi uma escritora e filósofa. Recebia intelectuais e literatos nos seus salões. (N.T.)
[39] D. Diderot, *A religiosa*, 2020, n.p. (N.R.)

das perseguições atormentam sua imaginação. Ela oscila entre dois extremos – seu marido, que não deseja, de modo algum, tal punição, e o pai, que mantém a maior severidade: a sua decência está em jogo desde a estada em Gisors. A senhora Montjean não cede e enfrenta o pai; mesmo apavorada, a rebelde reitera suas intenções sobre os divertimentos no campo, onde há uma boa mesa, e acrescenta num só fôlego "que está bem feliz porque usa *ruge*, e o que ela quer é ver muita gente, receber o mais possível e conselheiros superiores como os que lhe haviam feito a corte em Rouen". Tudo estava dito.

> A MAQUIAGEM EXAGERADA

Usar "ruge".[40] No século XVIII, a graça feminina consiste, entre outras coisas, no uso das roupas e na maquiagem. O corpo é mostrado numa suave sensualidade; o luxo, com efeito, é ostentatório, mas o ruge nas faces é diferente: um ruge muito forte e berrante é sinônimo de mulher da vida; de modo contrário, muito claro, não tem charme e salienta a insipidez de quem o usa. Por várias vezes e atento às aparências, Montjean critica a sua mulher: muito ruge a desonra e leva a pensar numa mulher das ruas. Deixando-a passar na sua frente para ir passear, ele fica impressionado com as roupas dela: "Um corpete de tafetá castanho-dourado enfeitado de gaze, um chapéu

---

[40] Item de maquiagem para colorir as bochechas. Do francês, *rouge*, vermelho. (N.E.)

à inglesa e *muito ruge*", o que não é seu hábito. Ele fica chocado; à noite, ele lhe diz que "assim do jeito que ela passa o ruge como o havia feito, certamente a haviam tomado por uma prostituta ela que se mostrava como uma mulher elegante". A honra da sua mulher estava em jogo. Por querer ser notada, corria o risco da desonra.

O ruge nas faces, o modo como é usado, é assunto de conversas e, a sua aplicação, objeto de todos os cuidados. "Escolher o ruge era um negócio capital", escreveu L. S. Mercier. O mostruário de cores e a sua aplicação dão panos para mangas. É claro que, em primeiro lugar, serão criticadas as classes populares, e L. S. Mercier não é exceção, fazendo até mesmo uma associação na qual percebemos o desprezo *e* a opinião das classes abastadas sobre a corporação dos açougueiros: "As medonhas amantes dos açougueiros põem o ruge sentadas no canto dos postes; ele é da cor de sangue".[41] Como o sangue dos animais. Um ruge rosa faz parte daquelas que passeiam, inclusive das cortesãs.

As damas da corte são ainda mais atentas às cores das faces, compram por apenas um luís[42] um pequeno pote de ruge, sendo que as mulheres de qualidade o compram por seis francos. Burguesas e comerciantes o usam de maneira imperceptível. As camareiras, que maquiam as suas patroas, sofrem diariamente as críticas delas, com seus ataques de raiva: um olhar no espelho logo após a aplica-

---

[41] L. S. Mercier, op. cit., cap. 873, p. 117. (N.A.)
[42] Ver nota 35, p. 51. (N.E.)

ção da maquiagem pela doméstica as faz jogar o pote de ruge no chão. A observação de L. S. Mercier é sagaz: essa maquiagem possui um alcance simbólico evidente e complexo; com ela, querem recuperar os anos de juventude por mágica. Só o "olho seduzido do homem apaixonado" não vê o ruge.

Nesse cenário carregado de sinais, a senhora Montjean rompe com a norma (sem saber ou sabendo) para ter acesso a outro universo: o do excesso e do risco de má reputação. Talvez ela tenha permanecido na época de Luís XIV, quando "a paixão pelo ruge, que coloria as faces já na corte de Henrique II, adquire uma intensidade furiosa. O contraste da cor deve ser violento, a mancha, brutal".[43] No fim do século, sobretudo na Revolução, as coisas mudam.

Esse detalhe diz muito sobre as atitudes do casal: o homem presta atenção na sua roupa, que, mesmo modesta, deve estar perfeita, obedecendo à ordem das coisas e à sua condição, enquanto a mulher, desejando aparecer "diante" da sociedade e "na" sociedade, não percebe que se destaca realçando a maquiagem e desce do pedestal imaginário que quer alcançar. A dissimetria, nesse caso, é irrevogável. Também podemos nos perguntar se a vontade de ser notável/notada à custa de muito ruge nas faces não a impede de ser realmente admitida entre os seus amigos homens, que não são nem um pouco idiotas. Que o luxo e a pompa sejam estrondosos é uma coisa, mas o

---

[43] P. Perrot, op. cit., p. 48. (N.A.)

rosto e o retrato obedecem a regras que outros contextos não possuem. Pode-se exagerar nos móveis, nos bibelôs, nos penduricalhos, nos chapéus, nos sapatos etc., mas o rosto é o espelho absoluto da alma, e o retrato deve ser o reflexo de uma harmonia sedutora e sensual, sem artifício nem espalhafato.

> PEGAR UM FIACRE

Os dias parecem "maratonas". No entanto, as idas e vindas são sempre as mesmas: ir ao jardim do Palais-Royal, nadar no Gros Caillou,[44] em seguida comer cadoz;[45] ou então agir como um convidado na sua própria casa, no jantar ou na ceia, ir à Comédie, depois passear nos grandes bulevares.[46] Acontece também de irem beber "garrafas de groselha e pintas de vinho nas tavernas", ou então alugarem vários fiacres durante o dia (o que custa muito caro) para circular nas ruas e nas margens. Estranhamente, esses fiacres são sujos, pouco firmes, puxados por cavalos em fim de carreira, saídos das estrebarias reais, tendo pertencido a príncipes de sangue real e terminando a vida cansados, maltratados e trabalhando dezoito horas por dia. O cocheiro, em geral, está tão bêbado que as brigas são frequentes; além disso, os fiacres não andam rápido e

---

[44] Gros Caillou é uma região localizada em Paris, na França, que margeia parte do rio Sena. (N.E.)
[45] Peixe de água doce. (N.T.)
[46] Os grandes bulevares eram um lugar privilegiado de passeio à margem direita do Sena. (N.T.)

acontece de as jovens subirem sem serem vistas na carruagem para conversar com os amantes avistados no interior.

O fato de a senhora Montjean e seus amigos recorrerem a fiacres é bem surpreendente pelo enorme gasto, ainda mais porque ocorre de se afastarem de Paris; um dia estão em Auteuil, no outro em Saint-Cloud.[47] Em seguida, se dirigem aos bulevares, tomavam cerveja, antes de voltar para a casa de um deles para passar o tempo depois do jantar. Um dia, eles pegam um barquinho para se divertirem juntos depois de passarem na casa da pintora. Em Saint-Cloud, havia desses barquinhos com um preço acessível; mas os barqueiros, ignorantes, sobrecarregam o barco com muitos clientes e, às vezes, eles viram. Os passageiros desse meio de transporte são misturados: pode-se encontrar financistas, sapateiros, o lacaio e o patrão. Todo o mundo paga o mesmo preço: seis denários.[48] Aqui, percebemos nitidamente que os divertimentos da esposa de Montjean não chegam à altura dos hábitos aristocráticos; parece uma fissura no seu comportamento, ávido de ascensão social e impotente para consegui-lo. O que surpreende é o percurso relativamente restrito da senhora Montjean e de seus

---

[47] Auteuil e Saint-Cloud são duas cidades localizadas nas proximidades de Paris. (N.E.)

[48] Moeda romana de prata que correspondia a dez asses, outra moeda romana de bronze e cobre menos valiosa. Passou a servir de unidade de conta no Império Romano. O termo "denário" – do latim *denarius*, de onde vem, em português, a palavra "dinheiro" – também passou a ser usado para se referir a moedas próprias em diferentes países. (N.E.)

amigos: os mesmos lugares de passeio, como se a vida de todos esses personagens, cujas ocupações são incertas e pouco precisas, parecesse um carrossel de quermesse girando sem descanso. Não sabemos nada sobre o conteúdo das conversas, mas podemos adivinhá-lo, a não ser quando o casal briga pública e violentamente. O tempo passa e o cenário muda da casa de um para a casa de outro, quase exaustivamente, sendo que nada é abordado sobre a vida no entorno. Nem as paisagens vistas, nem as sensações experimentadas, nem a situação política, econômica ou social. Somente Montjean leva duas vidas concomitantemente: a de seus negócios com uma viagem de tempos em tempos para as suas encomendas, que o faz se ausentar e encontrar os comerciantes; no resto do tempo, ele procura a mulher ou a encontra em horas indevidas na sua casa, sentada à mesa com os amigos, mais ou menos embriagados. É uma reunião restrita com sete ou oito pessoas, uma reunião a portas fechadas que gira como uma roda para hamsters.

> O PRAZER À MESA

No mundo abastado do libertino, a gastronomia ou, ao menos, o comer bem, faz parte da festa dos sentidos.[49] É uma atividade dispendiosa; aquele "que comia na cidade" é uma figura clássica do século. Apesar do custo, a atividade atraía muitas pessoas não ricas, espécie de parasitas

---

[49] M. Delon, op. cit., cap. "Gastronomie", p. 165. (N.A.)

sociais. L. S. Mercier conta (!) que de dezoito a vinte mil homens jantavam regularmente às segundas-feiras nas casas dos comerciantes, às terças-feiras nas casas de magistrados e assim por diante, variando de nível todos os dias. Nessa classe social, estão os bem-falantes, os músicos, os pintores, os abades e os solteiros. "Eles não sabem nada sobre o preço das coisas, mas têm grande aptidão em guardar todos os usos do mundo, têm muita leveza nas maneiras e isso lhes basta para manter a conversa".[50] Os amigos da senhora Montjean gostam muito disso e nada nos foi poupado dos seus gostos e como eram compostas as refeições. Em cada página, Montjean relata, não sem reprovação, os cardápios e as bebidas. Se ele dá tantos detalhes das refeições bem como dos preços, é porque está aterrado com essas despesas, sendo que era o seu próprio dinheiro que ia embora.

Ora os jantares e ceias são fora de casa, ou seja, a esposa Montjean convida seus amigos preferidos para a sua casa, na ausência do marido ou sem avisá-lo. Consciente de que ela dilapida o patrimônio, ele tem medo das despesas ocasionadas e da irritação marital. No entanto, ela não consegue se conter: no dia 25 de setembro, Montjean decide se ausentar com a filha até o dia 27. Tomando precauções, já que conhece sua mulher, ele sobe da adega seis garrafas de vinho antecipadamente, especificando bem à esposa para não convidar ninguém para jantar, e que "economize pois não temos condições de fazer a despesa",

---

[50] L. S. Mercier, op. cit., cap. 16 "Les diners en ville". (N.A.)

o que ela promete, acrescentando que, justamente, tem muito trabalho a fazer para a Holanda, que ela o faria e que ele não se preocupasse.

Assim que o marido sai, ela convida o amigo Riché para jantar e cear "e as seis garrafas de vinho foram tomadas". Ao se dar conta, ela cai em prantos e corre para Madelon, sua cozinheira: "Meu Deus, minha amiga, eu vou ouvir uma gritaria, todo o vinho foi bebido." A cozinheira a tranquiliza, prometendo comprar três garrafas. Para fazer tudo direito, como havia sobrado um meio copo na garrafa, ela vai até o vendedor para fazê-lo provar o vinho restante e lhe pede um semelhante, bem condizente com aquele.

Entretanto, Montjean volta com um vendedor da Holanda e o convida para jantar. Quando o vinho é servido, Montjean o acha diferente. Ele se precipita para a adega e descobre a fraude. Sua mulher começa a chorar na presença de todos. A calma volta um pouco até que chega o momento de saborear os damascos à aguardente: mas só restam três. O marido exclama: "Você me deu um grande prejuízo com os meus pobres damascos!" Assim que termina a noitada, a senhora Montjean confessa que Riché, seus amigos e ela se embebedaram fartamente, e que Madelon tentou substituir o vinho. Montjean retorque imediatamente que não pode compreender, uma vez que ela não tinha dinheiro; e a mulher lhe diz que ele lhe havia dado 15 escudos antes de partir para comprar gaze, e que ela os havia usado para o vinho. E ela ainda deve dinheiro à Madelon. Segue-se uma cena. E eis que ela abandona todo o seu trabalho, repetindo suas reivindicações nos mesmos termos das últimas vezes.

No fundo, essa situação econômica é bastante frequente: a mulher não tem independência e recebe o dinheiro aos poucos para comprar tecido, gaze e pagar as despesas cotidianas. Acontece que essa dependência é um golpe para os desejos vorazes da esposa e para a sua vontade de ascender na hierarquia social ou ao menos conviver com ela, o que explica o habitual e tão repetitivo "cabe ao homem sustentar a mulher". Nesse contexto, a reivindicação, se não é usual, encerra uma interiorização muito forte: o fato de só ter dinheiro de acordo com a boa vontade do marido é intolerável. Uma espécie de eco de muitas queixas foi encontrado nos arquivos policiais em que algumas mulheres pobres se queixam de que seus maridos "lhes tomam até o seu próprio pagamento" quando elas exercem outra profissão que não a deles. A senhora Montjean não aceita esse papel, honroso na época e habitualmente desempenhado pela mulher do artesão. Na sentença "cabe ao homem sustentar a mulher", devemos perceber o desejo de sair dessa vida prosaica para que o cotidiano se torne um encantamento.

Diariamente, o consumo de alimentos, assim como a bebida dos convidados, requer verdadeira fortuna. Os detalhes são concludentes: ostras, cadoz, vinho, cerveja, aguardente, damascos à aguardente são degustados e bebidos até o fim, a ponto de o marido relatar momentos sinistros em que a sua mulher acaba vomitando e, depois, desmaia. Tanto os homens como as mulheres adoram vinho e dão um triste espetáculo de comensais sem elegância, bebendo até cair.

No dia 30 de outubro, a senhora Montjean sai para jantar na casa do seu amigo Deligny com o tal Riché. É um grande jantar, regado a muito vinho, "e todos eles estavam animados", escreve Montjean, enquanto a sua mulher vomita no chão. E isso acontece todos os dias, tanto na casa de Deligny, quanto na casa dela e na casa de Riché. É "bebedeira atrás de bebedeira", diz ele, enquanto o processo se acelera. Como compreender essa exaltação, esse desejo de correr para a perdição?

No dia 1º de novembro, Montjean volta para casa depois do trabalho: ele vê chegarem a sua mulher e os dois Riché. Contrariado, ele se lamenta alto que "não tenho nada para manter essa situação"; com isso, ele quer dizer que não tem os recursos para convidá-los para jantar; aliás, só lhe resta uma açorda e um cozido fricassê. Muito constrangida, sua mulher vai para a cozinha pedir porco fresco e três dúzias de ostras, acompanhados de cinco garrafas de vinho. Ao longo de toda a noite, o marido não diz uma palavra e até aceita acompanhar os amigos ao lado de fora, tomar café, licores e sorvetes. "Isso é demais", exclama Montjean, "vou pagar mais três libras".

Um outro dia, mais um "repique" (quer dizer, uma festa mais regada a bebida do que a outra). A cozinheira de Deligny encontra Montjean que, ao passar em casa, não encontra sua mulher; a cozinheira decide relatar tudo para ele. E conta a que ponto a senhora Montjean está arruinando Deligny por causa de seus gostos por coisas caras:

> Todos os dias eles saem de fiacre e vão à Comédie, voltam de fiacre e é o meu patrão que paga, jantam grandes jantares, comem doze libras de ostras, tomam vinho branco, comem pêssegos à aguardente e a mulher vomita por tudo no banheiro, levo dois dias para lavar tão empesteado fica, é preciso lhe dar água quente com um pouco de chá, algumas horas depois eles saem de novo, de fiacre, para a Comédie...

As empregadas domésticas, à época, propagam rumores, mas, às vezes, protegem o patrão com medo de serem demitidas, ou simplesmente porque gostam deles. É o poder delas que está em jogo aqui: elas sabem tudo sobre o patrão, defendem-no ou o traem, gostam de ser intermediárias e têm conhecimento de todos os segredos.

> LIBERTINA ATÉ VOMITAR

Esses banquetes incessantes, bem acima dos recursos econômicos de todos, provocam uma reflexão. O modo como ultrapassam a boa maneira de viver levanta a seguinte pergunta: de que busca de prazer se trata exatamente e que ligação esses excessos têm com a vontade tão afirmada de sair do seu *status* social? No *Le Savoir-vivre libertin* [As maneiras libertinas], Michel Delon insiste nesses jantares que são "os momentos privilegiados de qualquer noitada mundana, assim como a Comédie, o passeio, a noite na ópera e a sedução amorosa". Ele acrescenta: "O libertino é gastrônomo [...] pela ligação que estabelece entre a mesa e a cama".[51]

Essa era uma das chaves do comportamento da senhora Montjean, que não se pode dizer que faça parte desse mundo: beber, comer, seduzir, ser/ter amante, enganar o marido como, aliás, se faz em outros círculos da sociedade e é uma maneira de exibir determinada posição. Ela pode (ou pensa que pode) realizar a primeira parte desse programa; porém, ter verdadeiramente um *ou* vários amantes se mostra difícil na sua condição: ela está às voltas com amigos ainda mais atraídos pela boa comida, porque eles não pagam e são recompensados pelo "amor" que têm por ela. A senhora Montjean não percebe que os amigos são pessoas falsas que não a levam a sério, sem escrúpulos, que se aproveitam do seu dinheiro e que a fazem acreditar em muitas coisas falsas. O senhor Deligny continua a ser um mistério; não se compreende se ele realmente é ou não é amante da senhora Montjean. A não ser que ele espere uma recompensa... algum dia. É verdade que o diário é mais um extravasamento dos fatos e de sentimentos, sem obedecer à lógica das memórias. Aliás, é esse traço e são essas informações dadas de enfiada que valorizam tanto os mil e um detalhes dados pelo seu autor. Ela também não percebe, embora tenha sido confrontada com eles, que os

---

[51] M. Delon, op. cit., p. 166. (N.A.)

pais e a instituição judiciária estão a dois dedos de forçá-la ao enclausuramento. Além do mais, a sua cozinheira a engana, joga um jogo duplo, ora protegendo o marido, ora incriminando a mulher ou apoiando-a, indo de um para o outro para contemporizar.

A equação mantida entre os fiacres, a Comédie, a boa comida "até vomitar" e a esperança de leitos licenciosos é, muitas vezes, um engodo – mais do que isso, uma armadilha –, resultado de uma ascensão social muito desejada e, em geral, impossível de realizar. A senhora Montjean representa uma peça dramática de teatro com cenas faltantes e um roteiro impensável. Não é o luxo que a sociedade aristocrática exibe que a faz interiorizar o desejo de um universo ao qual ela nunca pertencerá? Ao mesmo tempo, o mundo dos artesãos fica em bairros ativos, povoados de ateliês e comércios, e também de cabarés. Lugar privilegiado de sociabilidade, a taverna serve para a convivência, oferecendo bebidas e comidas, permitindo descansos, encontros e conversas animadas. "Antros enfumaçados e operários indolentes", gosta de dizer Mercier, mas são antes maneiras de viver. Bebe-se e come-se em tudo o que é lugar, os vendedores de carne pronta fornecem a mercadoria, os merceeiros abastecem por empreitada. É, sobretudo, na margem esquerda do Sena que ficam os cabarés e, também, no centro. O casal conhece todos esses lugares, mas a vontade de ser "diferente" e o desejo de "participar" dos costumes socialmente mais elevados estimulam a esposa; ela é corroída pelo desejo de aparecer nos bairros mais famosos, se bem que ela própria conserva raízes nos hábitos cotidianos de sair para os cabarés do seu meio, numa cultura que não é a dos grandes burgueses nem a dos aristocratas.

A recorrência de episódios em que a senhora Montjean "vomita" depois de suas libações, do que as empregadas não gostam nem um pouco, inegavelmente faz parte de um mundo repugnante. Montjean os narra com uma espécie de reticência e indignação. Os seus fluidos corporais só podem ser tolerados nas espeluncas; há muito a dizer sobre o que significa o sangue e o seu fluxo, embora este desfrute de mais nobreza do que os vômitos. O sangue escorre por acidente, em rixas ou duelos, enquanto a bebedeira, provocando fluidos corporais, é sinal de uma degradação moral pouco tolerável.

RISCOS JUDICIÁRIOS?

Por várias vezes, no diário, ele trata do possível envio da mulher para o convento, da separação de bens, de pedidos de prisão etc. São momentos furtivos, rapidamente afastados; eles têm a vantagem de lembrar tais procedimentos que, apesar de não serem fáceis de realizar, marcaram o século com a sua sombra.

É fato que, quando fazemos um estudo sobre os pedidos de prisão exigidos pelas famílias (conservados nos arquivos da Bastilha), nos vemos diante de dossiês completos, com queixas de parentes contra um membro da família, seguidos da resposta do tenente geral da polícia e da concordância do rei. A coisa pode parecer simples; a reclamação não segue o processo comum. Algumas informações são recolhidas na vizinhança da família, mas nem sempre; na maioria dos casos, alguns vizinhos ou párocos apoiam o pedido. Em outros dossiês, podemos ler as cartas daqueles que foram aprisionados e que "suplicam" sua liberdade.[52] De qualquer forma, e nesse preciso contexto em que estão reunidas as cartas com o selo do rei ordenando a prisão, a coisa parece ser fácil, na medida em que já passaram pelo tenente geral da polícia, que pede algumas opiniões e depois encaminha ao rei para a assinatura.

> MANDAR PRENDER SUA MULHER?

Esse processo, no entanto, não é tão óbvio; os pais e os amigos têm opiniões diferentes. O próprio tenente geral

---

[52] A. Farge; M. Foucault, op. cit. (N.A.)

hesita e nem sempre segue os conselhos que lhe dão. No fim do século XVIII, sentimos a que ponto se trata de um processo mais difícil do que pensamos decidir a prisão da própria mulher, mesmo que existam sérios motivos para fazê-lo. Na dramaturgia da separação – na qual alguns episódios emocionantes revelam real violência, grande desamor e raivas recíprocas – incluem-se alguns momentos passionais que mostram como se desdobram os *afetos* de uns e de outros, vistos sem uma lupa. A "hesitação" não foi objeto da história; se examinarmos os indícios desses afetos, ponto a ponto, vislumbraremos um acesso inédito a certos modos da relação marido/mulher e sobre a complexidade de sentimentos que costumamos inferir como já explorados pelos historiadores. É bem verdade que a história de Montjean é singular; mas, graças a essa singularidade, novas sensibilidades nos aparecem, em que a *hesitação* se torna uma peça mestra.

Retomemos aqui alguns períodos em que o contato face a face com a instituição real ou judiciária é concebido. De início, as coisas avançam suavemente, com advertências do marido, sobretudo pelo medo de que as empregadas contem tudo aos vizinhos.

No dia 7 de maio, por ocasião da visita a Paris do senhor Rohault, pai da sua mulher, Montjean vai conversar com ele. Anteriormente, foi dito que o sogro o havia encorajado intensamente a mandar enclausurar sua mulher no convento, e que este havia resistido, não deixando de preveni-la para que ela se acalmasse. Ser ameaçada pelo pai, na sociedade dos pequenos comerciantes do século

XVIII, não era algo insignificante, embora isso não atinja em nada a esposa. A ligação conjugal também é uma ligação econômica que nem ele nem ela querem destruir. No dia 4 de julho, o tom sobe e a acrimônia da mulher contra o pai se acentua. Efetivamente, com o dinheiro do casal sendo dramaticamente destruído, Montjean toma a decisão, não de se dirigir oralmente a ela, mas de lhe escrever. A carta apresenta um caráter quase oficial numa sociedade em que dois terços das pessoas não sabem ler nem escrever. Entre outras coisas, ele menciona que seu pai não quer, de forma alguma, dar dinheiro ao casal; a isso ela também responde com uma carta. É uma missiva para o seu pai, e ela toma o cuidado de depositá-la perante o próprio comissário Laumonier. A carta é um requisitório cheio de horrores contra o seu pai, e que, finalmente, torna público o conflito. Acontece que denunciar o próprio pai ao comissário de polícia é um gesto de peso extremo; poderia provocar perseguições e não se trata, portanto, de um processo insignificante. Certamente, acostumados a esse gênero de atos, os comissários tentam acalmar a rivalidade; aliás, uma grande parte do trabalho deles diz respeito a negociações entre membros de uma mesma família, de admoestações para todos, a fim de recuperar a paz social e familiar. Estranhamente, não saberemos nada sobre os efeitos dessa carta ao comissário; o diário não fala dela, não se sabe por quê. Pode ser que o comissário tenha querido encerrar o caso... Ou que tenha demorado a cuidar do assunto.

Há silêncio sobre outros tipos de intervenções aparentemente realizadas perante a polícia enquanto os conflitos se multiplicam até chegar às agressões físicas. A esposa grita a sua aversão pela vida que leva e acrescenta, falando a Montjean – é ele quem escreve – "que ela me poria chifres nem que foce [fosse] com um saboiano". Injúria suprema; sabemos que o saboiano[53] era colocado bem embaixo na hierarquia social, abaixo mesmo dos mendigos. Essa aventura ocorre no fim de julho, início de agosto, e a esposa ameaça o marido de se queixar ao sogro; ela acrescenta: "Pois bem, sim, vou pedir ao meu pai para que me ponha no convento e lhe direi para fazer a separação de bens."

Intervém novamente outro modelo jurídico: a separação de bens (a saber que a separação de corpos também já existia na época). Montjean decide desabafar com um dos seus irmãos, que se apieda dele e lhe diz: "Como deve ser horrível sofrer que a sua mulher, enfeitada como ela anda, passeie nas alamedas de Saint-Cloud com um dançarino da ópera, e isso basta, seria melhor mandar enclausurá-la." "Eu não respondi."

O tempo passa e os conflitos aumentam, arrastando todos os amigos da mulher a se posicionarem fisicamente contra o marido, mas nenhuma notícia sobre nenhum processo é dada, a não ser que, depois de uma briga física, Montjean chama um saboiano para ir buscar o comissário; ele acaba desistindo, uma vez que a cozinheira se interpõe para evitar um grave incidente. Novamente, o pai da senhora Montjean (sem dúvida, estamos em novembro

---

[53] Ver nota 10, p. 26. (N.E.)

ou dezembro de 1774) pede que ela seja posta no convento. Poderíamos interpretar o silêncio do comissário Laumonier como meio de se preservar de atos que só concernem à vida privada, coincidindo com tarefas já pesadas. Além do mais, no fim do século, o rei acaba por desistir de regular processos de enclausuramento, julgado pouco digno da sua tarefa monárquica. Ele não quer mais se envolver nos conflitos de família, que o afastam da grandeza do seu personagem real, que não deve se preocupar com "picuinhas" familiares, e diminuem o seu poder.

> MEDIADORES INSÓLITOS

O tempo passa. Tudo continua de maneira cada vez mais espantosa entre farras, vômitos, gritos, pancadaria etc. Amigos, os Bonod, tentam uma reconciliação, e a senhora Bonod "explica" com doçura à esposa que ela devia trabalhar seguindo o exemplo da mãe: "Madame, a sua mãe trabalhou, a sua irmã, senhora Guy, também"; ao que ela responde que sim, porque ela quis e eu não quero, e a senhora Bonod responde: "isso não a autoriza a uma má conduta, saiba que o seu marido teria direito [de] mandar metê-la em Sainte-Pélagie." Sainte-Pélagie é uma prisão exclusivamente reservada às mulheres da vida. Também existe a prisão da Salpêtrière onde se misturam delinquentes, loucos e prostitutas.

Depois dessa conversa, a raiva aumenta: irritada, a senhora Montjean quer ir diretamente ao tenente geral da polícia. Como ele só pode recebê-la às sete horas da noite, ela fica preocupada, aterrorizada com a ideia de que uma ordem de prisão seja assinada contra ela nesse meio-tempo. Desesperada, ela corre para o marido e cai de joelhos para ser perdoada:

> Eu vejo entrar a minha mulher aos prantos e toda trêmula, fizemos com que ela se sentasse ela disse que eu queria mandar prendê-la que eu não a amava enfim muitas coisas ruins que eu lhe disse que estava pronto a esquecer tudo que ela se comporte como sempre se comportou que eu a amava e que eu faria tudo o que dependia de mim lhe dar prazer e torná-la feliz. Ela me disse, então, que havia convocado Deligny para ir ver o tenente geral de polícia no lugar dela e Deligny chega muito bem-vestido para encontrar tal personagem.

O tenente geral de polícia é a mais alta autoridade depois do rei. Ele vai todas as terças-feiras de manhã à Corte prestar contas ao soberano do que havia acontecido na cidade. É um alto personagem de Estado, o que explica as roupas usadas por Deligny para encontrá-lo. Montjean continuou o seu diário, sem sequer comentar a chegada insólita de Deligny, e escreve:

> Resolvi ir lá e ele [o tenente geral de polícia] me diz como você quer ter uma ordem do rei para mandar enclausurar sua mulher, fica mal para você, eu lhe disse que eu não tinha falado sobre isso nem era o meu desejo.

A reação do tenente geral é ainda mais interessante porque temos poucas informações sobre as opiniões pessoais dos representantes da polícia. Aqui, o tenente descompõe o marido e lhe mostra a que ponto o ato de pedir ao rei o enclausuramento é, não só exagerado, mas inconveniente. Não se interpela o rei por desavenças domésticas, afirma ele, e é preciso muita audácia para acreditar que tal procedimento é possível. Trata-se de um indício do recuo concreto em relação a essas cartas de família com o lacre real; é, também, o indício da maneira pela qual o tenente geral de polícia é instruído a respeito do que se passa nas famílias graças aos seus comissários e inspetores. A transparência dos assuntos domésticos informa sobre a maneira como vivem, sob o olhar atento, cada conflito, afetos etc., nos bairros parisienses.

Depois desse encontro, reconciliações e promessas de amor se sucedem mesmo que "a vida continue infernal", e chegamos ao mês de janeiro de 1775. Montjean nos conta: "o senhor Blondot, procurador do Parlamento, diz ao queixoso que ele não tinha outro conselho a lhe dar a não ser o de se entender com Rouhault, pai da sua mulher e enclausurar a esposa do queixoso por algum tempo para tirá-la do espírito de dissipação." Mais uma vez, sobre isso nada foi feito.

Montjean relata que a sua mulher parte para Gisors sem avisar, para a casa do pai, e que uma vez de volta

> ela satisfaz o seu gosto pelas saídas e leva a cozinheira com ela e vai jantar ora no Bois de Boulogne,

ora nos cafés dançantes, quando ele volta para casa não encontra a mulher nem a empregada, as crianças abandonadas, e ele teve a tristeza de ver o auge da raiva da mulher, quando ela entregou a casa para um saboiano que ela deixou tomando conta de suas coisas.

É uma verdadeira humilhação: por um lado, a esposa toma por companhia a cozinheira, o que está longe de suas aspirações mundanas anteriores quando ela acreditava que ia se tornar a inspiração de alguns "pequenos" libertinos; por outro lado, deixar a sua casa aos cuidados de um "saboiano" tem algo de decadente e, absolutamente, não corresponde ao seu ideal inicial. Aliás, os saboianos são tão pouco considerados que Voltaire os põe em verso:

Esses bons rapazes
Chegam todos da Saboia.
E, com as mãos, limpam rapidamente
As longas chaminés cheias de fuligem.[54]

Miseráveis, esses pequenos saboianos, que tanto poupam para os pais muito pobres que ficaram na Saboia, também percorrem as ruas, pretos de fuligem, gritando apelos lúgubres. Esperam ser contratados para ganhar alguns centavos. Então, eles se tornam moços de recados

---

[54] Voltaire, *Le Pauvre Diable* (1760). V. 385-388. Hugo citou esses versos no Livro I da Segunda parte de *Os miseráveis*. (N.A.) Cf. V. Hugo, *Os miseráveis*, 2022, p. 339. (N.R.)

ou mendigos, sempre prontos a aceitar, em andrajos, fazer algumas compras, pôr cartas no correio, tomar conta de alguma coisa. Desclassificados e quase mendigos, eles envergonham a quem os emprega; Montjean não admite que sua mulher apele a eles. Esse único ato destrói sua reputação, sendo que a sua mulher, sempre apressada em sair para o passeio, não se preocupa nem um pouco com esse detalhe, que ela considera pouco importante, uma vez que decide ir aos bulevares e subir nos barquinhos para "aparecer" a qualquer preço.

Nessa situação estranha, que poderia ser uma das que leva rapidamente a um pedido consistente de enclausuramento (convento, Sainte-Pélagie etc.), os dois protagonistas hesitam diante das instituições judiciárias. Ela escreve ao comissário, previne o tenente geral; ele queria uma separação de bens, mas hesita sobre uma colocação no convento; depois, impressionado pela resposta do tenente geral, "é ruim para você mandar enclausurar a sua mulher", ele desiste. Disseram para ele que o rei começava a se cansar dos pedidos de enclausuramento vindos de uma população de artesãos e de pessoas pouco letradas, com histórias pessoais trágicas e insignificantes. Por isso, alguma coisa se desintegra na relação entre Sua Majestade e o seu povo: ele não é mais o juiz supremo das vidas comuns, por quem não queria mais ser importunado.

Além do mais, entre as elites, começa a aparecer uma verdadeira oposição a essas cartas das famílias com o lacre do rei, considerando-as um sinal arbitrário e um abuso de poder inadmissível, que não mais corresponde a certa opinião pública. A senhora Montjean continua apavorada com a perspectiva de aprisionamento por causa do seu pai, que não cessa de apontar ao marido a sua fraqueza e de prever o pior para o casal e para os negócios. Ela interiorizou totalmente a força e o custo de uma repressão possível, tanto paternal quanto policial; apesar do medo, lhe é impossível desistir da vida que escolheu para si, numa atitude de curiosa anarquia. Os problemas jurídicos, mesmo preocupando-a ou lhe dando medo, não a impedem, de modo algum, de continuar suas atividades lúdicas.

MONTJEAN: UMA IMAGEM CONGELADA

Do próprio Montjean, isto é, sobre o seu modo de sentir e de interiorizar os fatos, sabemos pouco e, ao mesmo tempo, muitas coisas. O seu relato é, de fato, centrado na forma de agir da sua mulher e, somente em certos momentos, em algumas de suas próprias ações. Ele parece agir em função de sua esposa. Em alguns instantes, surgem elementos fortes da sua personalidade, como a sua relação com as pessoas a sua volta. Ele vive num meio fechado turbilhonante; com exceção de algumas alusões pouco precisas sobre as suas providências profissionais, ele é inteiramente envolvido pela esposa e por um meio pseudoamigável de cinco ou seis pessoas. Todo o tempo desesperado, ele busca ajuda na sua família ou na de sua esposa.

Nenhum monólogo interior, tampouco reflexão sobre si mesmo: tragado pelos dias que passam, ele reconstrói a sua vida, hora por hora, numa sucessão rápida de fatos curiosos e de cenas, contando, talvez, com o efeito que produz no leitor – mas que leitor? Sensação esquisita para aquele que lê, obrigado a uma espécie de identificação com o narrador. Insensivelmente, o relato, tal como é escrito, exige que "nos colemos" aos dizeres do autor e que nos coloquemos na mesma posição de inocência na qual ele se insere. Eis o princípio do "relato sobre si mesmo". Por esse procedimento literário em que o fato é rei, portanto verídico, ele constrói a "sua" verdade, sem provavelmente se interrogar sobre a verdade do outro. Nessa aventura, Montjean está sozinho. O fato de alinhar, de ponta a ponta, o que ocorre faz com que ele construa um espaço de diálogo de si para si mesmo, o que às vezes pode acalmá-lo. Podemos duvidar desses escritos, mas os fatos contados permitem que nos interroguemos sobre as formas de construção social que organizam as passagens e sobre a implacável concentração do diário nos acontecimentos minúsculos das "vidas minúsculas".

> O CARÁTER DE MONTJEAN

Ninguém pode passear na avalanche de más ações da mulher sem que adivinhemos, apesar de tudo, alguns traços de caráter e informações sobre o modo pessoal de Montjean estar "presente" no meio do conflito. Inicialmente eclode a sua atitude hesitante, às vezes paradoxal.

Ele oscila entre duas reações: consentir, isto é, participar dos jantares e das ceias, aceitar esse estado no qual talvez ele sinta um prazer ambíguo, *ou* se aborrecer, seja num conflito privado com a sua mulher, seja expulsando os amigos da sua mesa e, depois, de vez em quando, resistir, se deixando levar a sérias exaltações, aborrecido com o que vê minuto após minuto. Ele não tem aliados; os amigos da esposa o destroem. Ele nunca questiona o próprio comportamento. Acontece de eles terem pena de Montjean e não se sabe por que ocorrem essas mudanças. Aliás, será que eles realmente têm pena do marido?

Ele se torna econômico por necessidade ou já faz parte do seu temperamento fazer contas em relação a tudo? Em todo o caso, ele está acabrunhado com a preocupação com as despesas; no dia 4 de julho, decide, com muita tristeza, diz ele, ir até a casa do sogro porque tinha acabado de saber por um tal Sainte de (?)

> que ele tem um armazém de tabaco que queria negociar, que eu fosse a Gisors o mais cedo possível; eu não me preocupava muito de ir lá, minha mulher fez uma cena que não queria trabalhar e que eu visse o que queria fazer que eu era um homem que devia sustentar sua mulher, ela me atormentou para partir, eu estava determinado com tristeza ela queria que eu fosse a cavalo ou num veículo, eu lhe disse não se esse negócio não tivesse êxito seria dinheiro que eu teria gasto despropositadamente, achei melhor ir a pé e parti a pé, fiz as dezesseis léguas num dia gastei na estrada 26 sóis[55] o dia inteiro e cheguei às oito horas da noite bem cansado meu sogro me recebeu muito bem durante esse tempo minha mulher contou para os amigos que estava sozinha…

Com esse anúncio, ela e todos os amigos foram ao Gros Caillou comer cadoz, acrescenta ele. A indiferença e a obstinação dos "amigos" eram notáveis; eles não queriam saber nem pensar em Montjean.

Montjean enciumado? Certamente. Mas o seu ciúme se alimenta mais das loucas despesas da sua mulher do que das possibilidades de adultério. Ele até achava que "nunca sentiria saudades dela". Ele a ama, como nos fala, mas se

---

[55] Moeda no reinado de Luís XVI. (N.T.)

angustia sobretudo com a dilapidação do seu dinheiro. Por outro lado, se diz arrasado com a perda da sua honra, nem que seja pela vida agitada que ela leva publicamente. Se ele não expressa seus medos de adultério é porque isso corresponde ao seu temperamento reservado e, também, à vergonha que tem de confessar o que é evidente.

Nos piores momentos, e só podemos acreditar, afirma ter muita amizade pela mulher e, por essa razão, resiste em tomar medidas de repressão judiciária. O que ele poderia aguentar? Não saberemos exatamente. Alguma coisa tocante e secreta da sua personalidade; isso só aparece em filigranas, em alguns poucos momentos do seu diário. Mesmo que a mãe cuide bem pouco da sua menininha de quatro anos, ele não a reprova. Em compensação, conta ser obrigado a cuidar da filha por várias vezes. É ele que a põe para dormir desde que sua mulher voltou do campo. Também quando está embriagada e vomita a mais não poder e depois vai dormir, é ele que cuida da menina, e não a vendedora ou a cozinheira. Sem nunca se estender sobre os seus sentimentos nem mesmo sobre suas atenções paternais, revela-se um pai atento.

Como tal, ele corresponde a um certo modismo. Já se havia notado a importância do sentimento paterno por ocasião do episódio da inoculação da varíola.[56] Inúmeras cartas de pais, na época, expressavam suas hesitações em mandar inocular seus filhos, se perguntando, com gran-

---

[56] C. Seth, *Les Rois aussi en mouraient. Les Lumières em lutte contra la petite vérole*, 2008. (N.A.)

de preocupação, se esse gesto não os mataria em vez de salvá-los. Eram inúmeros os debates em torno desse ancestral da vacinação; não se corria o risco de matar uma criança que pudesse se revelar um gênio, por exemplo?, perguntavam-se alguns filósofos. Outras pessoas pensavam o contrário: achavam que a morte de um pequeno inocente era menos grave do que a de um adulto com responsabilidades. Essas eram reflexões da elite, mas muitas outras opiniões emergiram, mostrando pais atentos. O caso de Montjean tem isso de interessante, pois ele dá provas de verdadeira afeição pelos seus filhos, sendo que ele não faz parte da elite. Os valores afetivos burgueses e dos artesãos se afirmam, e os pais estão preocupados com o sofrimento dos seus familiares. Montjean é um exemplo disso. Assim, suas discretas anotações sobre a sua filha, tão pequena, revelam afetuosa atenção; na verdade, ele não fala dela, e sim da preocupação que tem por ela.

> UM BURACO NA MEIA PRETA

Um detalhe minúsculo, contado no meio do caos das atividades desses dias desastrosos, comprova outro traço do caráter de Montjean: a sua vontade de parecer honesto e digno. Um detalhe quase invisível da sua vestimenta diz muito sobre ele e faz com que vejamos melhor a vergonha que sente da situação. No dia 28 de outubro de 1774, apesar de uma "encomenda importante" que ele diz ter de despachar com toda urgência, Montjean se sente obrigado a acompanhar a mulher com seus amigos, pois ela o ameaça de "não fazer nada durante o dia" se ele não aceitar ir ao passeio, que vai, de novo, lhe custar caro. Assim que ele sai para "dar uma volta no Palais-Royal", percebe "um pequeno furo na sua meia preta": "Eu digo à minha mulher meu Deus, tem um furo na minha meia vou voltar para casa bem depressa e mandar consertar esse furo, minha mulher me diz leve a sua filha faça com que ela tome a sopa."

Um pequeno furo na meia é impossível de suportar: ele deve ter uma aparência impecável, levar a sua posição social de artesão a sério, o que novamente diz muito sobre a importância da aparência. O terno deve estar de acordo com a "posição social", e um buraco na meia preta é intolerável quando se saía para passear nas Tuileries, como era o caso. "Atenção aos pertences", escreve Daniel Roche, "interessa sobretudo às camadas intermediárias das burguesias comerciais, artesanais, ou seja, à base social profunda da vida urbana, nem pobres, nem ricos, mas numa situação confortável e desejosas de ascensão social."[57]

Montjean, alfaiate, sabe que confecciona o estilo da roupa francesa; como sua mulher, ele deve corresponder à "nobreza" da sua profissão. Daniel Roche escreve ainda: é assim "que se formam os discernimentos do corpo e a sabedoria da vestimenta. A roupa tem por função destacar a conveniência das aparências, ela proclama uma adaptação, então universal, da natureza e deve dar testemunho da adequação entre moral e asseio".[58]

---

[57] D. Roche, op. cit., 2007. (N.A.)
[58] Ibid. (N.A.)

Dele, não saberemos muito mais, sendo que os aborrecimentos pelos quais passa falam por si: ele é um homem que faz o seu trabalho com cuidado e ganha dinheiro honestamente, talvez para viver de maneira confortável. A mulher é o seu tormento, mas o leitor não sabe realmente que marido ele é na intimidade, que parte de responsabilidade teve em toda essa crise. O interesse, já dissemos, reside nessa litania caótica de dias tumultuosos, o que desenha um afresco particular. Acrescentemos a isso a sua constância surpreendente de suportar tudo, inclusive assistir aos "jogos pseudoamigáveis" da sua esposa, mesmo que seja difícil saber se aí ele não sente, apesar de tudo, certo prazer, ou se isso denota o desejo de estar sempre perto daquela que vai destruir o seu casamento e a sua empresa. Paciência enigmática ou, podemos dizer, leve perversidade?

O relato contra a sua mulher não a poupa; é preciso tomar cuidado com a ilusão de transparência. Não obstante, a minúcia com que os detalhes, quase grosseiros ou vulgares, são relatados (não podem, de forma alguma, ter sido inventados) incita a reconhecer certa veracidade dos fatos. Quanto às sensibilidades e aos afetos, é preciso ter uma abordagem comedida e atenta para evitar conclusões próprias a nossa subjetividade – ou seja, anacrônicas.

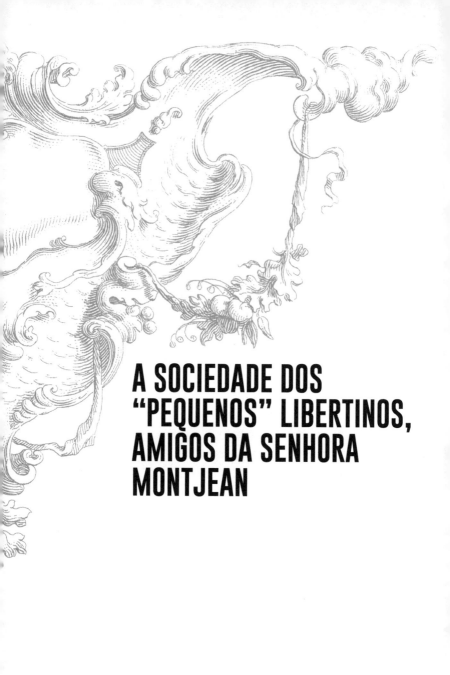

A SOCIEDADE DOS "PEQUENOS" LIBERTINOS, AMIGOS DA SENHORA MONTJEAN

Se chegamos a entrever os hábitos e costumes dos poderosos da Corte, permanecem opacos os procedimentos daqueles que vão, vêm e vivem num mundo intermediário, acostumados a desfrutar das benesses que possam surgir. Eles são pouco prósperos, mas não pobres; assíduos não tanto na busca do prazer amoroso ou sexual quanto no acompanhamento de certas pessoas que mais ou menos os valorizam e os fazem esperar o "Graal", isto é, a ascensão social, a frequentação constante – que não vem jamais – com os nobres. São situações um pouco patéticas.

Depois de relatar muitos fatos vividos em rápida velocidade, na dissipação mais absoluta, o diário passa a acontecimentos mais sérios, violentos e trágicos, que pintam situações catastróficas e lamentáveis em que os jogos, as refeições e as tolices se multiplicam. Numa espécie de aceleração do tempo e de histeria dos protagonistas, os dias vão se tornar pequenos campos de batalha nos quais amigos se isolam, traindo uns aos outros, enquanto se aborrecem com um marido que oscila entre fraqueza, discórdia e ações violentas irrefletidas.

> VOLÁTIL TAL E QUAL UMA PLUMA

No centro, como sempre, a mulher: ela pega e depois larga os homens de passagem, encontrados por acaso, buscando aqueles que estejam situados no mais alto posto da hierarquia social, o que parece difícil a julgar por seus encontros. Um dia, o seu amigo se recusa a levá-la a Saint-Cloud, então veio um rapaz, tipógrafo do senhor Simon, que imprimia para Deligny e que ela viu na casa de Deligny e o qual ela havia comido na casa de Deligny [...] e jantado em casa com esse rapaz tipógrafo, eles foram pegar um barco depois do jantar para ir a Saint-Cloud; não havia nenhum, eles pegaram um fiacre com outras pessoas para conseguir um barco que não encontraram e dessas duas pessoas havia um que era Dubois dançarino da ópera que eu conheci como garçom, *como ele era mais bem apessoado do que o rapaz tipógrafo do senhor Simon* chegando a Saint-Cloud ela toma o braço dele e passeia pelo parque com ele e volta com ele de fiacre só às 9 horas, no dia seguinte eu fui à casa de um dos meus irmãos que me diz o quanto é horrível sofrer que a sua mulher enfeitada como ela estava passeie nas alamedas de Saint-Cloud com um dançarino da ópera, eu lhe digo que não ligo ele me diz que é pior ainda.

A mulher Montjean comete muitos deslizes; mesmo que queira imitar e encontrar a boa sociedade (ela troca o braço de um rapaz tipógrafo pelo de um dançarino da ópera e parece não saber que um artista é uma pessoa excluída da sociedade, a menos que tenha grande notoriedade), ela esquece que comete o pior dos erros. É bem isso que observa o irmão de Montjean, então tomado pela raiva. É exatamente igual ao dia seguinte: enquanto Montjean trabalha, ela faz um jovem pagar uma garrafa de groselha para ela. Desconcertado, Montjean a surpreende; todas as boas maneiras parecem abolidas por esse gesto: "Senhor eu não o conheço", diz Montjean, "nem tenho vontade de conhecê-lo." O rapaz tira do bolso 24 denários[59] para lhes dar, Montjean recusa, paga a garrafa de groselha e se dirige à mulher, dessa vez de modo autoritário: "Eu disse a minha mulher levante-se Madame e siga-me."

A vergonha de Montjean estava no auge. Ele não conhecia as inclinações da sua mulher, tão preocupada com os pequenos prazeres. Só aos poucos, no diário, vemos se acentuar o gosto da esposa pelas taças de vinho e as frutas ao álcool.

Depois disso, se organiza um estranho trio (Deligny-Riché-senhora Montjean), atarefado com refeições, aqui e ali, abusando das bebidas e voltando tarde, embriagados, "no embalo", segundo Montjean, que vive a situação de maneira ainda pior, uma vez que seu trabalho absorve todo o seu tempo. Às vezes, a senhora Montjean leva a sua filha, e a criança volta bem doente por ter bebido também. Ela a entrega para a cozinheira. Dia sim, dia não, ela promete que vai trabalhar um pouco, mas nada vai em frente, até que Montjean, recebendo novamente Deligny e Riché para jantar, pergunta à mulher se ela se divertiu muito. Sabendo que ela voltava de uma casa de jogos, onde Deligny havia perdido 30 libras

---

[59] Ver nota 48, p. 62. (N.E.)

no *berland*,⁶⁰ ele fica escandalizado. Teme que sua mulher acrescente o jogo aos seus vícios.

A presença de Riché passa a ser insuportável e os diálogos entre o casal recrudescem.

> Minha mulher convida no dia 1º de novembro de 1774 Riché e seu irmão para virem jantar em casa sem me avisar antes, eu ouço a conversa deles, eles lhe respondem nós só vamos se insistirem, imediatamente ela me chama e me diz meu marido esses senhores só querem vir jantar aqui em casa se você os convidar, eu respondi esses senhores têm razão e eu não insisto porque o nosso jantar seria muito ruim.

As coisas são claras, a recusa é categórica, Montjean sai com o banqueiro com quem ele tem negócios e volta mais tarde, à noite, para casa; para sua grande surpresa, ali estavam "os dois Riché".

Não mais compreendemos, nesses momentos, a atitude dos Riché, Deligny e outros, nem as de Montjean, preso aos desejos de sua mulher, que, por sua vez, fazem a sua infelicidade. Isso novamente questiona a relação homem-mulher nesse meio intermediário dos artesãos, pois, independentemente do caráter de cada um, vemos

---

⁶⁰ Trata-se da trinca, também chamada de berlan. Símbolo de jogo, a trinca acabou designando a academia dos jogos. Inventada no século XVI, era muito jogada no século XVII. No Diretório, ela foi chamada de *bouillote*. Esse jogo designava inicialmente a figura constituída por três cartas do mesmo valor e três cores diferentes numa só mão (três ases, três reis etc.). (N.A.)

aqui um grupo social em vias de se devorar, brigar, fragilizar um casal, obedecer a todos os desejos de uma mulher para deles tirar vantagem ou não, e nunca conseguir se separar. O que eles ganham com essa tragicomédia? Depois de graves conflitos na casa de uns e outros, ou nos restaurantes, eles recomeçam como se nada houvesse acontecido. Apesar de estar obcecado com as despesas, Montjean as consente. Assim como os Riché, presos por obrigações sociais e também com os recursos bastante limitados.

A sociabilidade tão festiva quanto litigiosa, vivida a portas fechadas, questiona todo o tempo um mundo aprisionado por modos de vida que se observam, numa época em que as hierarquias são extremamente definidas, e três camadas principais da sociedade, bem visíveis, se julgam ou se desprezam: o luxo aristocrárico de um lado; a grande burguesia de outro; e, finalmente, a miséria e o flagelo da pobreza se encontram e convivem lado a lado. O grupo formado em torno de Montjean só tinha olhos para o luxo, com uma maneira pouco adequada de imitá-lo, enquanto os pobres são desprezados. Bem abaixo, o saboiano, sem dúvida a figura mais citada do diário, faz verdadeiramente parte da escória do povo.

O único a aderir um pouco ao seu *status* social é Montjean, bem apessoado, preocupado com o seu trabalho, frequentador da missa,[61] apegado à esposa, mesmo magoado e singularmente fraco. Não poder abandonar esse

---

[61] Ele faz alusão a isso uma única vez. (N.A.)

bando de amigos nefastos que o faz sofrer é uma maneira de querer normalizar tudo, a fim de se preservar e preservar seu trabalho. Os artesãos pertencem ao topo das camadas populares; a plebe se desdobra em diferentes níveis: uma elite de luxo espalhafatosa, negociantes com mesas suntuosas, e artesãos cujos segmentos não se equivalem (por exemplo, um vidraceiro não é igual a um alfaiate). E, no setor dos tecidos, os artesãos são muitos e divididos em seções particulares. O grupo de Montjean, se podemos chamá-lo assim, é heterogêneo: ele vai do rapaz tipógrafo ao oficial, do jardineiro ao dançarino da ópera, ou aos semelhantes a uma mulher pintora socialmente pouco definida. A esposa os encontra da manhã à noite; ela tenta escolher os mais aptos a realizar o seu sonho de mulher economicamente independente, sem trabalhar.

É preciso dizer que, na época, ocorre uma mutação feminina, identificável em todos os campos (educação, função, papel).[62] Montjean percebe bem o desejo de liberdade da sua mulher, mas ele não pode aceitar que ela não trabalhe. Sua esquiva feminina é uma maneira de lidar com duas impossibilidades que ela não suporta viver. Para ela, impossível ser duquesa e insuportável depender do marido. "O que vai pensar o mundo se a veem todo o tempo passeando de braço dado com um amigo?", diz sem cessar o marido. "Deixe-me receber a minha parte da

---

[62] D. Godineau, *Les femmes dans la société française, XVIe –XVIIe siècle*, 2003. (N.A.)

sociedade e eu trabalharei", ela responde, intimamente de má vontade.

As impetuosas contradições vão, finalmente, criar graves acontecimentos em que todos os personagens (família, amigos, domésticas, marido, polícia) vão se envolver, tomar parte e criar uma situação inextricável, caótica e escandalosa, quase ritualizada, pois todas as manhãs e todas as noites na vida do casal se passam sempre da mesma maneira, até que o mais grave ocorra.

> QUANDO OS AMIGOS SE ENVOLVEM

Nós os vimos bem pouco preocupados com o marido. Todo o tempo, na casa Montjean, eles aproveitam da sede de companhia da esposa para se sentar à mesa, às expensas do casal. Uma coisa é certa: o aparecimento do sentimento de si mesmo, no fim do século XVIII, só engole a senhora Montjean. O seu individualismo superdimensionado, que busca quebrar todas as regras do *status* para ir ao encontro do luxo libertino, atrai para ela um "pequeno mundo" de pequenos senhores, que, sem o dizer, desempenham o mesmo papel. Os amigos Riché, Deligny, Demard, Simon e Bonod não expressam reivindicações semelhantes às da senhora Montjean, já que eles eram homens – portanto, livres nos seus atos. Mas, na mediocridade abastada e angustiada do seu *status*, em que reina o apetite de comer bem, de ser bem visto, do bom divertimento, e o fato de se reunirem sem dizer uma palavra a respeito do modo de agir da amiga, isso tudo resulta da mesma atitude. Poderíamos pensar, em certos momentos, que são sensíveis à situação catastrófica do marido, mas parece que se aliar às atitudes libertinas e divertidas dessa mulher impetuosa alça-os socialmente, ou, ao menos, enche a vida deles, também frustrada de pompa e de prestígio.

Dias funestos se sucedem: por mais que Montjean seja fraco, incerto, apaixonado pela mulher, dividido entre o trabalho que ele gosta de executar de forma satisfatória e a sua maneira febril de aparar as arestas do seu casamento, ele acaba se queixando abertamente à mulher e faz "cara feia" para os amigos dela. Nada muda. Numa manhã, ele chama Riché de lado: "Depois que vocês vêm a minha casa, percebi que tenho brigas terríveis com a minha mulher, vocês me dariam prazer de não vir tão frequentemente." Ao que Riché responde com hipocrisia "que ele ficaria desesperado por causar discórdia no meu lar e que não viria com tanta frequência".

Assim que diz isso, ele [Riché] chama a atenção do irmão que ia na sua frente para contar o caso, o que deixou a senhora Montjean intrigada. O marido se vira para lhe dizer:

> Sim senhora eu disse ao senhor Riché que depois que ele começou a vir na minha casa não tem um dia que eu não tenha horror às tolices de você e eu pedi que não venha com tanta frequência, minha mulher imediatamente lhes disse para não escutar meu marido, eu lhes peço que venha, seus talheres sempre estarão na mesa, na casa, *eu sou a dona da casa* e sou eu que mando.

Deixando o marido sozinho, a mulher sai com os amigos em direção ao Palais-Royal, dizendo ir a um concerto espiritual; ela volta com os irmãos Riché depois das 19 horas, de fiacre. Montjean se irrita:

> Nunca se viu uma mulher que tem a pretensão de ser honesta, preferir a companhia de um descarado Riché ao marido, e como eu ia fechar a porta os dois Riché empurram a porta me dizendo que sou eu o descarado e um canalha, que ele vai me ensinar a viver e depois de mil horrores e bobagens me diz para *ir no dia seguinte às oito no café de Foy[63] no Palais-Royal* que eles me cortariam as orelhas, minha mulher empurra o dito Riché para que ele se cale e eu lhe digo que estarei lá e fecho a porta na cara deles, entrei no quarto e disse a minha mulher eis por sua bela conduta ao quê você me expõe a me cortar a garganta com descarados, ela me diz que eu sou muito medíocre para duelar.

A frase diz tudo: estar no dia seguinte, às oito horas, no café de Foy, no Palais-Royal; é uma provocação de duelo. A nova claque é inesperada e particularmente repentina. Até a esposa começa a temer pelo marido. No entanto, ela é a primeira a tranquilizar Riché, ao lhe dizer que o marido não iria a esse encontro, porque ele era muito "medíocre [entendamos: covarde]".

---

[63] Café parisiense em atividade de 1749 a 1874. Inicialmente na rua Richelieu, depois nas galerias do Palais-Royal. (N.T.)

> O CASO DO DUELO

O duelo é uma prática de nobres e fidalgos, é um rito: indiferente às leis da sociedade civil e religiosa, o duelo é um "contrato antissocial".[64] Ele se difunde consideravelmente no século XVI e é o apanágio da nobreza habilitada a usar a espada nos casos de honra. A eclosão desses combates, que o historiador F. Billacois vê como um "fenômeno social total", ocorre por ocasião das guerras de religião, das crises políticas ou de vacância do poder. A coisa é muito grave, pois o duelo se torna muito frequente e o número de fidalgos mortos tão elevado (foram milhares, cerca de dez mil entre 1558 e 1608) que éditos reais são promulgados – em 1559, 1602, 1613, 1617 e 1623. Contudo, as interdições são estranhamente afetadas por certa indulgência, tolerância, e a multiplicação dos duelos continua. Foi Richelieu,[65] sob Luís XIII, que pôs o freio mais relevante nessa prática, com o seu édito de 1626, recomendando a pena de morte em caso de duelo. Considerado um crime de lesa-majestade, o duelo, que continuou vigente, era uma espécie de reivindicação da aristocracia contra a monarquia. Gesto aristocrático, vontade de honra e de poder, desafio às leis de Sua Majestade, o

---

[64] F. Billacois, *Le duel dans la société française des XVIe – XVIIIe siècle: essai de psychologie sociohistorique*, 1986. (N.A.)

[65] O cardeal de Richelieu, de nome Armand Jean du Plessis, foi primeiro-ministro de Luís XIII, de 1628 e 1642, e moldou o absolutismo na França assim como a liderança francesa na Europa. (N.E.)

duelo perdura apesar dos éditos de Luís XIV e das ordens adotadas por Luís XVI. Enfim, reivindicado pela aristocracia, e mesmo elogiado por ela, o duelo é tolerado *e* ao mesmo tempo proibido no Antigo Regime. Havia lugares onde existia, de fato, imunidade: o pátio dos Milagres[66] e alguns espaços privados, abertos ao público (Temple, Palais-Royal). Em resumo, o duelo é o desafio da liberdade individual; é, também, a "resistência da honra" que nele se fundamenta – corpos que falam ao se desafiarem pelo sangue, posto que o sangue seja nobre.

Compreendemos que tal prática, apesar de todas as proibições, tenha penetrado nas camadas não aristocráticas, e o exemplo aqui apresentado pelo diário é uma prova, se é que isso é necessário: a obsessão do grupo da rua Croix-des-Petits-Champs diante do ideal aristocrático, da maneira dos poderosos de solucionar uma questão de honra que pretende ser semelhante às maneiras da Corte.

Relatórios de polícia do guarda do passeio dos Champs-Élysées, Federici, um soldado suíço, comprovam isso, sobretudo entre 1777 e 1791. Dos 417 relatórios (Federici escreve quase um por semana), quase a metade trata de duelos entre todos os tipos de popula-

---

[66] O pátio dos Milagres, sob o Antigo Regime, era um espaço onde residiam os mendigos, que durante o dia saíam para pedir esmolas com deficiências e doenças e, ao voltarem à noite, as pretensas enfermidades desapareciam "como por milagre". (N.T.)

ção, fazendo pouco da interdição, zombando dos graves ferimentos e mesmo das mortes. Certamente esses duelos não são feitos seguindo as regras da arte e, às vezes, os bastões substituem as espadas. Mesmo assim, o fenômeno contamina todas as camadas da sociedade que querem lavar a honra; no entanto, na maioria das vezes, é a expressão de uma vingança ou de conflitos. É bem verdade que nos Champs-Élysées existem disputas, rixas, brigas organizadas, mas isso não impede os duelos, no verdadeiro sentido da palavra, de ocupar um lugar de destaque.

Outro relato de Federici, datado de 21 de janeiro de 1778, permite verificar que, às vezes, classes sociais diferentes se enfrentam com armas na mão.

> O chamado Charles Bernard, couraceiro do chefe de cavalaria, se bateu em duelo por volta das duas horas e meia contra Chapuis, que recebeu um ferimento muito sério no peito direito. O primeiro, de uniforme do regimento, e o segundo de roupas burguesas. Nossos soldados perseguiram energicamente o dito Bernard e ele foi detido no corpo da guarda bem como o ferido, até que o senhor comissário Thierion viesse executar o processo. O ferido foi transportado para a Santa Casa de Misericórdia e o detido foi para a prisão.

A polícia não brinca com esses duelos, sobretudo quando eles são desiguais e os comissários prendem sem haver processo judiciário.

Uma outra anotação conta a dificuldade de realmente impedir os duelos; ela é surpreendente, datada de 30 de março a 6 de abril de 1778:

Terça-feira, dois recrutadores[67] desceram de um fiacre, com a espada na mão. Disseram que estavam brincando; eles foram seguidos até a grade dos Champs-Élysées, e assim que os gladiadores se viram atrás dos muros, longe da grade, um deles recebeu um golpe de espada bem grave no baixo ventre.

Nesse terreno complexo de duelos frequentes, todas as vezes Federici inventa uma solução quando consegue prender os duelistas. Eles estão feridos? Convocaram espectadores ou não? O duelo foi espontâneo ou não? De onde vem o porte de espada? Etc.

Outro documento esclarece o caráter legal do ato; é um relatório:

> Na segunda-feira, na patrulha do senhor comissário Foucault, só uma pessoa é detida. Sábado, dois baixos oficiais inválidos são detidos às 7 horas da manhã por se terem batido em duelo, sendo que um deles recebe dois golpes de espada, um na mão, outro do lado, sendo este último ferimento muito perigoso. Inicialmente, pensei que ele ia expirar no corpo de guarda, mas depois dos primeiros socorros, quando voltou a si,

[67] Um recrutador era um soldado de baixa condição, encarregado de recrutar soldados. Em geral, não tinha escrúpulos, levando todos eles a se embriagarem, depois a assinar o compromisso de alistamento no exército em estado de embriaguez. (N.A.)

achei que devia mandar os dois embora ainda mais porque o combate ocorreu *sem surpresa*.[68]

Bem entendido, o duelo estabelecido contra Montjean se parece com todos esses enfrentamentos visíveis dos Champs-Élysées. O desafio é um ato grave e solene, mesmo que seja proibido; aqui, contudo, não parece ser revestido de preparações especiais pelas testemunhas.

Na verdade, se Montjean decide duelar, é porque foi atingido em cheio pela observação mortal da sua mulher: "Ele é muito medíocre para duelar." Ferido no seu amor-próprio, ele corre para procurar sua espada, quer se bater em duelo no mesmo minuto. A cozinheira e a vendedora da butique o seguram; aflitas, elas se dirigem duramente à mulher, tomando o partido do esposo: "É possível, madame, que a senhora exponha o seu marido desse jeito?" As palavras delas têm o mérito da clareza: as empregadas sabem julgar o patrão, assim como a decência, que está de acordo com o *status* delas. As disputas incessantes do casal adquirem, de repente, um odor de sangue intolerável. Para a cozinheira e para a vendedora, o chamado para o duelo não desperta nenhuma fantasia, nem atração, nenhuma identificação com a aristocracia: elas simplesmente estão diante de um ato perigoso; uma esposa não deve deixar o marido realizá-lo.

Como Montjean possui uma espada? O porte de armas, proibido ao plebeu, é reservado à nobreza; não obstante,

---

[68] Federici, op. cit., p. 112. (N.A.)

se os cronistas falam constantemente disso, é fácil contornar as proibições. De noite, decidido a duelar, Montjean se deita, tendo o cuidado de antes preparar algumas coisas: água, panos velhos e velhas ataduras. Pobres recursos. "Que eu preparei sobre a lareira caso eu fosse ferido no dia seguinte e fiz tudo isso diante da minha mulher."

Essa ostentação tem alguma coisa de desesperada, enquanto a esposa adormece no sofá, sem compaixão, tratando-o como monstro. Nesse imbróglio, cheio de pânico, Montjean mantém alguma atenção para com ela, fazendo-a deitar-se várias vezes, pois ela se levanta constantemente. Curiosa esposa: ao vê-lo sair no dia seguinte de manhã, por volta das seis horas, ela recomenda "com um coração que redobra a sua ação [...] porque você pegou a sua espada de aço melhor pegar a sua espada preta ela será de maior defesa".

Somos novamente remetidos à estranha relação do casal, que, até aqui, nenhum outro arquivo, nenhum documento nos revelou desta maneira: gostar muito, detestar, pretender ser livre, querer ser imersa nos hábitos de outra classe, preservar aquele que é oficialmente seu marido e que diz odiar, tudo isso são os elos enigmáticos de uma associação econômica básica, assim como os traços de uma espécie de afeição difusa, cujo nome nenhum dos dois parceiros saberia dizer.

Pretensão abusiva, o duelo é um momento em que os acontecimentos vão se desfigurar: esse ato tem um lugar muito "alto" na mentalidade da época para ser vivido assim, precipitadamente, recorrendo a qualquer espada.

Depois de pegar a aguardente e a faixa para prevenir qualquer sangramento, Montjean vai para o Palais-Royal. Não há ninguém. Ele espera quinze minutos, vê um vulto se aproximar, sua mulher: por que ela vai até lá e pronuncia palavras tão violentas depois da expressão de ternura daquela mesma manhã? Montjean transcreve no seu diário: "Como eles não vieram, estou surpresa pois eles têm mais coragem do que você, eles virão."

> O PAPEL AMBÍGUO DAS EMPREGADAS

Cansado, Montjean ainda espera, depois vai embora: a cena do duelo já não existe mais, é uma caricatura do que, habitualmente, se trata de um rito mortal. Sua mulher o segue, depois, sem delicadeza, chama um fiacre para ir à casa dos Riché, rua du Mail. Tranquilo, Montjean volta para casa e encontra as empregadas, cheias de comiseração: "A cozinheira estava bem preocupada assim como a vendedora da butique e me dizem: como uma mulher honesta pode pôr o marido em perigo diante de descarados como esses."

Decididamente, as empregadas ocupam um lugar especial: numa casa como a de Montjean, elas assistem a tudo o que se passa, cuidam das crianças na ausência dos pais e, em geral, dão provas de um verdadeiro bom senso. Elas "são" da família, sendo que não o são, o que explica suas idas e vindas, às vezes confusas, entre mentira e verdade para manter o seu lugar, e também para dizer o que pensam. Aqui, o termo "mulher honesta" indica o respeito a que são obrigadas em relação à patroa; o resto da frase expressa indignação e, sem sombra de dúvida, a visão que têm de um casal. É fato que elas assistiram, como muitos empregados, a inúmeras cenas revoltantes e formaram uma opinião sobre as atitudes de um e de outro. Para elas, certamente um pouco ligadas à família, o duelo não poderia entrar naquela casa; ali não tem lugar para ele.

Na casa, já dissemos, só havia uma cozinheira e uma vendedora de butique, o que é pouco; elas estão a par de tudo. Aliás, os empregados domésticos compõem uma população que está presente na cena literária e teatral: Molière e Marivaux fizeram deles personagens principais. A profissão é bem hierarquizada: o empregado doméstico confidente, o criado particular, o lacaio, as camareiras dos poderosos nada têm a ver com as serventes de albergues. Dizemos que eles são detentores de todos os segredos intrigantes, mediadores e, às vezes, sedentos por confusões.[69] Toda uma circulação cultural se organiza a partir do mundo doméstico: interações são estabelecidas, modelos são assumidos por essas classes intermediárias. Muitas vezes, o empregado doméstico é preso na rede das aparências, mas não se introduz bem na vida complexa e agitada dos patrões, segundo seus próprios julgamentos, principalmente porque, no ambiente da butique e da produção e serviços artesanais, os empregados não são

---

[69] D. Roche, *Le Peuple de Paris*, 1981, p. 67 sq. [Ed. bras.: *O povo de Paris: Ensaio sobre a cultura popular no século XVIII*. São Paulo: Edusp, 2004.] (N.A.)

tão numerosos quanto nas grandes casas. O sucesso social de cada um deles é bem diferente.

Por conseguinte, nesse quadro tão singular que é o do duelo fracassado e da violência entre os Riché e Montjean, não podemos nos surpreender em relação ao envolvimento das domésticas. A vendedora da butique e a cozinheira interpelam a senhora Montjean, retêm-na na sua raiva para lhe dizer abertamente que a atitude dela é chocante.

Essas reprovações não a atingem, pois, vendo que os Riché não foram ao encontro,[70] ela toma o partido deles mais uma vez; ela havia dito: "Estou surpresa, tenho certeza de que eles virão, pois são mais corajosos do que você." O constrangimento é perceptível, já que, pouco depois, ao voltar para casa, ela vê chegar o fiacre dos Riché. Entre eles chovem palavras ferinas: "Então é assim, senhores, que vocês compareceram ao encontro que marcaram bancando os corajosos, meu marido esperou por vocês."

As empregadas assistem a esse mundo de cabeça para baixo, talvez nem tão atípico quanto poderíamos pensar. De um lado, na cabeça da esposa, o marido "medíocre" é um covarde; por outro, seus adversários, finalmente, se revelam sem fé nem coragem. A senhora Montjean fica "bruscamente" furiosa contra todos, tão descontente com seus amigos quanto com o marido, o que cria

---

[70] "Encontro" aqui significa o momento e o lugar onde deveria ocorrer o duelo. (N.A.)

uma situação periclitante quase inextricável. Será que ela é eternamente insatisfeita, a sua vida de sonho se revelando inatingível? A força das acusações não é tolerável: ela insulta os homens pela sua covardia e, além do mais, se preocupa com um ato "sagrado" e simbólico, já que o duelo é um caso viril. Tomados por uma raiva descomunal, os dois Riché gritam e sapateiam, e em seguida exclamam: "Como é possível que, agora, sejam as mulheres que se metem nos encontros nunca vimos isso e nunca veremos." A identidade masculina está ferida em cheio: a espada e o sangue são sinais de nobreza, de honra e de virilidade, os quais as mulheres não compartilham.

Enquanto esquenta a discussão do lado de fora, Montjean, sem dúvida deliciado com o incidente, faz com que a vendedora da butique e a cozinheira acreditem que ele está ferido. Elas tremem e, ao mesmo tempo, se surpreendem, já que ouviam a briga. Farsa de mau gosto. Ele as tranquiliza rapidamente, ao constatar que a brincadeira lhes fez mal; Montjean se queixa, então, de uma dor de cabeça muito forte.

Finalmente, muito agitada, a esposa pega o fiacre para ir à casa de Deligny, e o incidente parecia terminado, quando, de repente, Riché entra no quarto de Montjean, no andar de cima, e exclama: "Aqui estou para o encontro", "segurando uma espada de dois gumes embaixo do braço, o rosto pálido desfeito, ele parece meio morto." E eis que Montjean se enfurece, porque isso é demais para ele. E solta uma frase humilhante: "Não é a espada que você merece e sim o bastão." Riché se vê enxotado para o nível dos "malandros", e não para o tão esperado nível da nobreza. Então Montjean avança para cima de Riché com o bastão. As empregadas o seguram sem poder evitar que Riché tente tirar sua espada com rapidez. Diante do perigo, Montjean ordena à vendedora da butique que feche rapidamente os ferrolhos e vá buscar correndo a guarda e o comissário. O escândalo está no auge, o desvario toma conta de todo o mundo, e Montjean grita: "É preciso mandar esse fedelho dormir no Châtelet."[71] Chamar a guarda e encontrar um comissário não é tão fácil, sobretudo quando os conflitos são de ordem privada, mesmo que chamá-los seja um reflexo frequente. Assim, ele chama pela janela um "saboiano" para executar a ordem; tão logo esse desconhecido entra, tomado de pânico, Riché desce as escadas correndo para fugir para a casa de Deligny.

Novamente, se percebe o feroz conluio contra Montjean que movem os amigos da sua mulher, mesmo sendo constantemente recebidos na sua casa ou convidados por ele. Não se pode deixar de dizer que Deligny incentivou o seu amigo Riché a ir a esse duelo e a não faltar ao encontro, contando, no entanto, com o medo de Montjean. Na casa de Deligny, Riché encontra a mulher de Montjean de *peignoir* e se penteando...[72] Imediatamente, ela lhe pergunta: "Como foi?"

---

[71] O Châtelet era uma fortaleza que abrigava a sede da polícia, as prisões e o necrotério da capital. (N.T.)
[72] A senhora Montjean, de peignoir e se penteando, dá a impressão de que é grande a intimidade com Deligny. (N.A.)

Mas como Montjean, que não assistiu a essa cena, fica sabendo? Sua mulher ou uma das testemunhas deve ter contado na vizinhança e o rumor chegou até ele. Para além disso, o que ela fazia de *peignoir* naquele lugar, sendo que Montjean sempre afirmou "que ela não lhe faltaria"? Segundo as testemunhas, Riché estava morto de medo, branco como a neve, as pernas tremendo, rememorando, em meias palavras, a cena do bastão e o seu medo do comissário. "Duelar" sem ter direito ao porte de espada pode levar à prisão. No aposento, também está o banqueiro Bonod, já comentado no diário, ali presente por causa de negócios com Deligny; ele fica surpreso com a "loucura" de Riché e o repreende: "Como? Você que queria lutar com o senhor Montjean mas está meio morto, ele o teria matado porque você não está em condições de lutar." Ele o aconselha a ficar ali, com medo que as autoridades se envolvam, e o intima a não "falar sobre isso com ninguém".

"Não falar com ninguém": promessa impossível de cumprir; as palavras são perigosas se as línguas se soltam. O segredo quase não existe no século XVIII, ao contrário dos não ditos, os rumores, as reputações feitas e desfeitas ao sabor das palavras, das palavras disfarçadas e dos cochichos. Aliás, a originalidade do diário é se dar conta de que, além dos irmãos, as irmãs, os pais, os sogros, as empregadas e os pseudoamigos, o grupo parece fechado. Em volta, não parece haver ninguém: um mundo fechado, vivendo seus avatares em si mesmo, centralizado numa única pessoa que faz girar o carrossel em todos os sentidos.

Não ficamos sabendo nada sobre os vizinhos, tampouco sobre os clientes; coisa estranha para um século XVIII de artesãos, tão povoado de ditos, de acontecimentos, de emoções, de notícias, falsas ou não. O grupo Montjean parece viver numa relativa solidão social. É bem verdade que Montjean não tem tempo de escrever tudo, tão obcecado está com os atos da esposa. Mas a paisagem continua a mesma: jardim, café, casa, sem outra descrição além dos acontecimentos que ali têm lugar.

Eis uma das originalidades desse relato, pintar fatos relativamente íntimos no interior de uma pequena sociedade, sem que nada se saiba das situações exteriores ou do ambiente natural, político e social. A rapidez da escrita do marido, movido por eternos problemas, o impede de viver completamente a sua época. O tormento psicológico é um freio à consciência histórica.

CAOS DEPOIS DO DUELO

Organizado de qualquer jeito, com meios improvisados, sem nenhum respeito às regras, "o duelo" provoca uma catástrofe. As amizades se rompem, as reprovações surgem de todos os lados, Montjean tem o cuidado de anotar o que Bonod disse para Riché: "Você não está em estado de duelar, eu o aconselho a desistir disso e não fazer mais nada, se tiver o azar de matá-lo, a família dele vai tomar partido e por causa disso você será preso..."

O conselho do banqueiro Bonod é preciso e diz respeito diretamente à relação do casal aos olhos da justiça. Tudo sai das regras por causa dessa paródia de duelo; os mesmos conflitos se reproduzem, porém com mais violência. Montjean continua a escrever cartas para as duas irmãs da mulher, para Rohault, seu sogro, e repete, como um refrão cada vez mais desesperado, a sua infelicidade. Seu cunhado se encarrega de lhe responder, e as palavras soam muito duras no diário: "O pai bem que lhe disse que ela o faria sofrer mais, você recusou quando ele lhe ofereceu para pôr a sua mulher no convento, ele lhe disse que se recusasse a oferta [que ele] fazia ele não se envolveria mais e que não adiantaria você reclamar sobre a sua esposa!" Os amigos, os irmãos e irmãs, todos repetem a mesma coisa. Montjean escreve: "Você não deveria ter feito essa maldita viagem de um mês para a casa do seu pai eu não a conheço mais pois ela não sabe o que valem seis libras, não trabalha mais e só pensa no prazer."

> ACALMAR A BRIGA

Outras pessoas se preocupam com o casal afetuosamente. É preciso uma reconciliação a qualquer preço, os estragos são muito sérios. Conciliador, Deligny tenta persuadir Montjean a não apresentar queixa ao comissário para evitar a desonra da sua mulher. O argumento, por mais amigável que seja, é bem falacioso porque, nessa longa história, o próprio Montjean é quem sofre. Um artesão com uma mulher à beira da devassidão obrigatoriamente assume todas as consequências. Deligny acrescenta que ele deveria fazer a sua mulher voltar para casa e se reconciliar, carinhosamente, com ela. Ele prevê organizar um jantar para a ocasião. A despeito do conselho, Montjean faz a sua declaração ao comissário, sem dizer nada sobre isso.

Deligny volta para vê-lo com o senhor Bonod e, totalmente surpreso, encontra a senhora Montjean e os dois Riché. O que quer que aconteça, quer eles briguem ou se reconciliem, o grupo, de uma maneira ou de outra, se reconstitui. Os acontecimentos tomam um aspecto surrealista; Montjean conta que até o senhor Bonod leva a sua mulher na sua casa sem explicação. Nós nos perguntamos como o marido pode aceitar tantas excentricidades.

Ele escreve:

> E o grande animal do Deligny cuida dos dois Riché e do cunhado Coulon, digno procurador da senhora Montjean, que estava na casa dele. E eis que todos saem para jantar no Bois de Boulogne. Eles entram num café

onde comem percas e terminam por se embebedar, de lá eles vão para a rua do Pélican.[73] Estão tão embriagados que pegam um fiacre e vão para a casa e ele não se lembra que havia dormido e que havia combinado de ir jantar no dia seguinte no prado Saint-Gervais.

Sim, jantar, beber, comer, como uma roda infantil; há até uma canção para elogiar isso:

Vamos jantar. Que esse brilhante talher,
Que esses ragus são para mim uma delícia qualquer!
Que o cozinheiro é um mortal divino!
Chloris, Égé me servem com a mão, é um fascínio
Um vinho d'Aï[74] cuja espuma prensada,
Da garrafa com uma força elevada,
Como um raio faz voar a rolha,
Ela pula, nós rimos, parece uma bolha.
Desse vinho fresco a espuma borbulhante
De nós, franceses, é a imagem brilhante![75]

O jantar de conciliação está previsto para ter lugar na casa de Bonod, que faz parte da classe dos plebeus, mas a sua função de banqueiro necessariamente o coloca em contato com uma sociedade afeiçoada aos prazeres voluptuosos. Assim se faz a transmissão, e "parecer como"

---

[73] Antiga rua de Paris, frequentada por prostitutas. (N.T.)
[74] Vinho espumante do território de Aï. (N.T.)
[75] Citado por M. Delon, op. cit., p. 165. (N.A.)

torna-se um hábito. O modelo e a novidade dos prazeres da mesa são muito comuns depois do século bem sombrio de Luís XIV; e o mundo dos pequenos burgueses e dos artesãos, tendo esse espetáculo sob os olhos, fica sedento por esse modo de vida, que aprecia e vive de uma maneira diferente, o que parece fazê-los subir na escala social. Aliás, no fim do Antigo Regime, aparece uma nova profissão, além do fornecedor de comidas prontas: o cozinheiro que serve pratos na própria casa – são os restaurantes. Tal movimento se acelera com a Revolução Francesa e, assim, o cozinheiro se afasta da aristocracia, torna-se independente, e os consumidores podem desfrutar o seu prazer em múltiplos lugares. Os clientes, artesãos abastados, já haviam começado essa prática antes da Revolução, indo de cabarés para outros estabelecimentos, como os Montjean, Riché etc., mesmo que a família Montjean tenha uma cozinheira permanente, papel importante tanto no plano material quanto no psicológico.

A ideia de acalmar o clima de conflito em torno de uma mesa tem boa intenção. O jantar na casa dos Bonod, porém, não se passou como previsto segundo as regras da modernidade aristocrática, pois a senhora Montjean retoma suas terríveis diatribes sobre a inanidade e a desgraça da sua condição de mulher de artesão. Os Bonod saem da mesa e acompanham o casal até a sua casa, tentando nova reconciliação.

A infernal espiral dos convites continua: no momento de ir embora, eis que os Bonod são convidados para irem no dia seguinte à casa dos Montjean, e aceitam a proposta depois de ligeira resistência (podemos compreendê-los). Nessa exaltação de refeições incessantes, todas terminam de maneira catastrófica e recomeçam eternamente; sem dúvida, se perfila a busca, mais ou menos consciente, de uma "normalidade" de decoro e prazer que, infelizmente, nunca acontece. Todo esse mundo está num impasse, ninguém pode resolvê-lo; a esposa está como um pião enlouquecido, enlouquecedor, sem direção.

Nunca saberemos como se desenrolou o novo jantar Montjean-Bonod. O diário deixa espaços em branco de tempos em tempos, onde nada é anotado. No início do mês de novembro, a situação não apenas não mudou como piorou enormemente. Disputas entre Deligny e Montjean terminam com excessos de vinho e embriaguez, enquanto a senhora Montjean tenta uma nova ação: pedir aos seus amigos que mandem o marido embora assim que ele aparecer, para não jantar com ele. "Eu não quero nunca mais sair com esse monstro", ela clama constantemente, assim que um convite é feito. Chocados, os amigos não aceitam o pedido. Bonod se insurge: "Eu não saio sem o seu marido." Dito isso, a senhora Montjean sai com Deligny. É preciso procurá-los em tudo que é lugar, "inclusive nesses lugarezinhos onde se janta e se bebe cerveja", sem sucesso. Do restaurante, eles descem para a taverna. Quando chegam à casa de Deligny, só a cozinheira os recebe; não há mais ninguém na casa. Indignada com tudo o que se passa sob os seus olhos, a cozinheira se lamenta longamente, triste e, ao mesmo tempo, chocada, por ver o seu patrão Deligny influenciado por amigos libertinos. Ela chega a contar que ele tem dívidas enormes e é uma pena vê-lo assim:

> É melhor que meu patrão pague suas dívidas do que se divirta como ele faz enquanto estava de férias vieram aqui para pegar e levar embora os seus móveis sem o seu escriturário que pede tempo eles o venderiam, é verdade que ele pagou imediatamente assim que chegou, o senhor nem pode saber como sua mulher faz com que ele gaste dinheiro.

Segue-se um longo relato detalhado de suas farras, dos grandes jantares dados por Deligny, ostras, vinho branco, percas à aguardente etc. Avisado, Montjean pede firmemente à cozinheira que nunca mais receba a sua mulher, o que ela promete sem pestanejar.

Esse detalhe faz voltar ao problema da domesticidade: às vezes, ajudante e confidente, fiel também, os empregados domésticos podem ser denunciadores, desleais, mentirosos e provocar discórdia na intimidade dos lares. É isso o que acontece aqui. Depois de ter passado na casa das suas cunhadas, onde sua mulher não está, Montjean volta para casa. Sua esposa havia acabado de chegar (de novo de fiacre) da Comédie, e ele lhe conta o que soube sobre suas escapadas, quando Deligny, bem doente, é obrigado a ficar de cama. Ele acrescenta, entre comentários e declarações, "que o tanto que ela havia sido respeitável antes agora se desonra."

Mencionar sua desonra é um momento grave. Ela sabe. Descontente, munido das novidades dadas pela cozinheira, Montjean vai sem demora à casa de Deligny e lhe conta "tudo o que a empregada disse sobre ele". Deligny nega e deixa Montjean ir embora; logo depois, ele recebe a visita da senhora Montjean (os acontecimentos andam tão rápido que não dão descanso a ninguém), e lhe explica tudo.

> Ela acaba com a cozinheira[76] que nega que tenha falado comigo ou me visto, depois se joga aos prantos aos pés da minha mulher garantindo que eu havia 'arrancado as palavras da sua boca' e havia dito que ia escrever ao meu sogro para mandar a minha mulher para o convento, além do mais, fazendo ela prometer que não abriria mais a porta para a senhora Montjean.

Promessa em cima de promessa, mentira em cima de mentira, a confusão das palavras ditas – depois contraditas – está no auge. Obsessivo, perdido na sua busca insensata, Montjean retorna de tarde à casa de Deligny. Este, exasperado, lhe conta que a empregada nega tudo o que lhe havia dito e a chama. Ela desfere a seguinte frase a Montjean:

> O senhor é a causa do meu patrão ter querido me pôr porta afora, isso chorando, o senhor quer tirar a minha cerveja [acabar com o meu pão] e inventou tudo o que disse ao meu patrão eu nunca lhe

---

[76] "Acabar com" significa brigar com veemência e dizer injúrias. (N.A.)

falei nada e é ter a alma muito ruim inventar isso. Eu lhe disse, minha amiga, você é dissimulada por negar e eu não inventei, Deligny e eu mesmo sabemos que tudo isso é a verdade e ele sabia em que se basear quando quis pôr você porta afora, eu disse a ele para não fazer isso, não valia a pena.

Depois da sua versão, Montjean sai da casa de Deligny para voltar a sua residência. Lá, ele encontra os Bonod, duas outras pessoas e sua mulher, que pede que eles venham jantar no dia seguinte (de novo!) para conversarem e, talvez, encontrar uma saída. De fato, ela lhes havia falado de uma possível separação de bens e lhes havia pedido que não se interpusessem nessa ação. Decididamente, tudo se desfaz a toda velocidade.

Apesar do vivo relato de Montjean sobre as atividades da sua mulher, os Bonod pedem calma e conciliação. No fim do jantar, como de hábito, volta a litania da esposa. A senhora Bonod replica de novo e volta a falar sobre a exaltação da esposa, que, de raiva, vira a mesa. "A senhora Bonod só teve tempo de se safar bem rápido e de pôr a sua capa." Montjean sai às pressas e diz: "Vou partir nesse instante para Gisors, para a casa do seu pai e contar a sua vida."

O medo da esposa Montjean em relação ao seu pai é visceral (a ligação com ele é muito forte), e quando há a ameaça de mantê-lo a par da conduta da filha, ela desaba, aterrorizada. Eis o que acontece: quando o marido passa em casa para pegar uma capa e entregá-la a uma cliente, ele encontra a mulher aos prantos, trêmula, dizendo que ele não a ama. Montjean, de novo, amolece; contudo, ao saber que a mulher está pronta a repetir sua visita ao comissário, ele se adianta, corre à casa dele para ouvir da sua parte as palavras já ditas: "Você não pensa em enclausurar a sua mulher? Isso é mau." E Montjean praticamente se desculpa. As cenas continuam como uma vertigem inimaginável. Como viver assim?

Pela terceira vez, uma ação foi efetuada na justiça: de fato, os dois esposos a solicitam em cada crise. Isso confirma o esquema historiográfico segundo o qual a polícia, os comissários e o próprio tenente geral têm constantemente a conciliação como missão, sem usar diariamente a figura da repressão. Seria interessante saber em que momento eles decidem intervir punitivamente e quando acham que o enclausuramento não é necessário. No caso de Montjean, não há delito, nada de maus-tratos confessados e repetitivos, nada de falência de grande repercussão. Não há nenhuma urgência, nem obrigação de sanção. Por outro lado, os pedidos de reclusão por parte da família, no último quarto de século, são cada vez mais raros; eles cansaram a monarquia, afastando aos poucos o seu olhar da vida privada dos seus súditos.[77]

Além do mais, Montjean e sua mulher nunca fizeram um pedido oficial para o tenente geral, o que é surpreendente. Eles não usaram o procedimento normal, se encontram livremente com o comissário ou lhe escrevem. Tudo isso evi-

---

[77] A. Farge; M. Foucault, op. cit. (N.A.)

denciado com naturalidade, a começar pelo fato de que o comissário Laumonier não trata Montjean de "senhor", o que prova uma sociabilidade pouco vista nos livros de história. Sem dúvida, é preciso lembrar que, no seu bairro, o comissário conhece quase todos os moradores, suas fortunas e infortúnios, e cria laços com eles, de onde se vê que há tanto benevolência quanto postura de autoridade. Assim, a vida cotidiana revela vínculos com o comissário que trazem ao nosso conhecimento muito do funcionamento judiciário. Isso seria um tema de história à parte.

Por várias vezes, a atitude do marido dá a entender que não há simetria entre as duas posições sociais: é fato que ele pode facilmente se encontrar com o comissário, mas, ao ir vê-lo, "ele se veste" corretamente – a expressão é dele. A roupa que ele se obriga a vestir tem inúmeros significados, como o respeito devido à autoridade de polícia, sua preocupação, já mencionada, da sua representação e de sua honra, a importância do parecer, enfatizada na ocasião do incidente da sua meia ligeiramente furada.

> O homem do povo respira um ar da moda. O novo consumo masculino de roupas [...] o sentimento de uma representação doravante necessária. Utilitário, o substancial se compõe com o fútil, os familiares dos poderosos e dos abastados regem uma capacidade de consumo diretamente ligada à faculdade imitativa, decuplicada no contato dos relatórios cotidianos.[78]

---

[78] D. Roche, op. cit. (N.A.)

> UMA MUDANÇA DE ATITUDE

Por volta de meados de novembro de 1774, embora a senhora Montjean tenha prometido ao marido e aos amigos retomar o trabalho, nada se passa como previsto. A atitude dela muda: ela não quer mais sair com o seu cônjuge, nem ser acompanhada por ele, se recusa a ir à casa dos amigos de Montjean, como os Bonod, que ela visitava com tanta frequência. Apesar disso, o marido enfatiza que ela sai sempre, com frequência, e despeja "estupidez e horrores contínuos." Ela diz que, às vezes, vai à casa da sua irmã Cochereau, o que era verdade, já que ela relata a Montjean a maneira violenta como fala dele.

> Ela diz até [...] que eu tinha dito dez mil horrores sobre ela, e me aconselharam a ir ao escritório do senhor Cochereau, eu fui lá para mostrar a carta registrada em que ela fala mal do pai e das irmãs, e lhe contei uma parte da minha vida.

Cochereau reage rapidamente a esse discurso e, tranquilizando novamente Montjean, diz que se recusa a ver outra vez a esposa dele. "Ainda mais porque ele soube da gritaria que ela fez com a sua esposa, que a tinha deixado doente, que ele ama sua mulher e não precisava que ela ficasse doente."

Ao voltar para casa, Cochereau informa à mulher as vilanias da irmã e a intima a não "mais chamá-la para casa porque ela fará outro escândalo de novo". De tarde, a senhora Cochereau visita a irmã e lhe conta sobre a carta; a senhora Montjean desaba em pratos, como ela tem o costume de fazer, e diz "que foi o arrebatamento que havia feito com que ela escrevesse aquilo, mas que nunca na sua vida ela faria um escândalo [desgosto] para ela e ambas se abraçaram, mas de noite, ela me fez uma cena terrível por eu ter mostrado a carta e quis que eu a devolvesse". "Eu nunca quis", escreve Montjean.

Nesse momento, a situação se inverte e se torna realmente jurídica. Antes, falava-se de ir ao comissário ou ao tenente geral, de fazer um pedido de enclausuramento, mas nada acontecia realmente. Desta vez, a senhora Montjean toma a iniciativa, pronta a dar um falso testemunho:

> Ela me disse que faria a separação de bens que outrora seu pai quis que ela fizesse e que ela *ofereceria* ao pai fazer a vontade dele e que se ele quisesse segurá-la perto dele, ela ficaria e lhe diria que eu sou um jogador e um homem que come percorrendo os salões de jogo, o que era falso que eu desafiava que ninguém nunca me viu nos salões.

No entanto, depois dessa declaração, a senhora Montjean continuou na sua vida de jantares, saídas e farras, indo à casa de Deligny e com ele fazendo todos os passeios, acompanhada também de Coulon, a quem Montjean chama de "seu digno procurador". É no cais de la Rapée[79] que todos se encontram, já que ali

---

[79] Caminho situado ao longo do Sena, no 12º distrito. (N.T.)

se comem boas caldeiradas, é o que dizem. Durante esse tempo, a filha era deixada sozinha, e Montjean relata idas e vindas até sua casa para ver se sua mulher havia ou não voltado. Todas as reprimendas feitas a Deligny não servem de nada; ele vai constantemente buscá-la em casa para sair, muitas vezes com o rapaz tipógrafo do senhor Simon.

Numa noite, quando volta para casa, Montjean fica sabendo pela cozinheira que Deligny e o rapaz tipógrafo mais uma vez chamaram a sua esposa por intermédio de um "saboiano" que tocou a campainha de casa. Montjean grita e anota no seu diário: "Que exemplo no bairro mandar buscar uma mulher honesta por um saboiano às 4 horas 30."

O espectro da prostituta lhe sobe à cabeça e, nessa diatribe, muito é dito: Montjean também faz questão de ser conhecido como membro de uma classe social digna, bom representante do grupo de artesãos sérios. Seu problema não é "parecer" por ele mesmo, por suas roupas, seus hábitos alimentares, suas saídas, mas sim pelo medo do mau exemplo. Ora, quem pode manchar a sua honra é o "saboiano",[80] que veio buscar a sua mulher. "Ir" oficialmente buscá-la, como se ela não pudesse ter outras companhias, é ultrapassar um novo limite, é agir com se ela fosse uma prostituta. Outra vez mais o marido recua diante da mulher: ele vocifera,

---

[80] Diziam até que os saboianos, às vezes, eram chamados de noite, para subir numa escada junto de uma janela, bater levemente no vidro e enfiar por ali algum bilhete malicioso. (N.A.)

grita que "isso não é respeitar uma mulher ser buscada por um saboiano". Novamente discórdias e mentiras: a senhora Montjean diz que voltava da casa da irmã (e se disse furiosa por não ter ido à Comédie com Deligny). Exasperado, o marido escreve imediatamente aos Cochereau; eles não respondem, se recusam a vê-lo, juram "cobri-lo belamente com bastonadas", e que caberia ao empregado realizar o ato. Decididamente, os empregados serviam para todas as tarefas: compaixão, cuidados, conselhos prodigalizados ao patrão, artimanhas, mentiras e, também, golpear aqueles que eram odiados pelos patrões. A domesticidade tem a vantagem de estar absolutamente a par de tudo, de espalhar os segredos do casal e, portanto, criar um clima social particular em que invejas e ciúmes se interpenetram. O pessoal da casa reflete os primeiros passos da opinião pública versátil que emerge em meados do século XVIII.

Prevenido da possível acolhida, Montjean evita qualquer contato e anota no seu diário que não tem nada de covarde, porque, se "recebesse uma surra do empregado, ele o mataria"...

> A INTERRUPÇÃO DO DIÁRIO

Em janeiro de 1775, o diário se embaralha. O estilo do relato muda; é a mesma caligrafia, a caligrafia de Montjean, mas ele não se expressa mais na primeira pessoa. Entra em cena um certo Blondat, procurador no Parlamento:

No dia 28 de janeiro de 1775 o senhor Blondat procurador no Parlamento diz ao queixoso[81] que não tem outro conselho a lhe dar além de se entender com o senhor Rahault[82] para que o pai mande pôr a esposa do queixoso por algum tempo[83] em outro lugar para tirar o espírito de dissipação da cabeça dela.

Será que Montjean presta queixa realmente?

Aproximamo-nos do fim do diário, escrito de maneira pouco legível, cujas páginas estão manchadas de lama. Isso não permite compreender o que ocorre nessas passagens que parecem não ter nenhum sentido. Segundo o que adivinhamos, a senhora Montjean é cada vez mais acompanhada pela cozinheira para ir ao bar dançar, não respeitando nem mesmo a sua posição, da qual ela fazia tanta questão. A senhora Montjean não procura mais a companhia dos poderosos. Montjean continua trabalhando no meio da tempestade e encontra a sua casa abandonada: "nem a mulher nem a empregada crianças abandonadas" – uma espécie de tumulto familiar. O saboiano cuida das crianças e das coisas. Infeliz, o pai não sabe como reagir.

Uma folha solta, sem data, conclui (ou melhor não conclui) a aventura: trata-se das crianças das quais Montjean sempre cuidou, pondo-as para dormir e lhes dando de comer. Desta vez, ela o proíbe de acariciá-las, e o casal

---

[81] O queixoso, portanto, seria Montjean. (N.A.)
[82] O pai da mulher de Montjean. (N.A.)
[83] Ele não especifica onde. (N.A.)

briga violentamente. Num outro dia, ele recebe uma carta da Holanda (sabemos que ele tem negócios por lá), porém, ausente, sua mulher abre-a e encontra uma letra de câmbio de 156 libras a ser descontada no banco. A carta deve ser endossada por uma pessoa que assine Montjean e, com isso, recebe todo o dinheiro. Montjean só fica sabendo disso muito depois, quando ela já havia comprado um vestido de musselina com… A última frase do texto parece indicar a demissão da empregada.

Depois, não sabemos mais nada, nem o que acontece com os Montjean e seus filhos, nem que tipo de disputas enfurecidas ainda vieram colorir tais existências sob um impulso em que o desespero se imiscui com os vínculos.

Assim termina o diário. Ninguém jamais saberá por que ele é interrompido, nem por que, inesperadamente, Montjean passa a se chamar de "o queixoso", para, em seguida, voltar ao "eu" em algumas linhas. Também não sabemos o que acontece com a sua esposa, nem se foi aberto um processo contra ela. O manuscrito permanece silencioso; um dossiê isolado entre tantos outros. "Documentos de diversas naturezas", indicam os dossiês originários do Ofício do Comissário Desormeaux…

> **QUAL O FIM ENTRE HISTÓRIA E FICÇÃO?**

Apenas podemos tentar imaginar um fim provável. Eis um paradoxo ao qual nos prendemos: de fato, como diz Paul Ricoeur, o historiador deve interiorizar o seu conhecimento do fim da história enquanto faz suas pesquisas. Ele tem uma ideia do devir dos personagens que estuda. Dadas as lacunas arquivísticas, só podemos imaginar semelhanças na história do casal Montjean. É bem verdade que o manuscrito faz parte de uma série judiciária, mas ele estava isolado junto com outros papéis que não tinham nenhum *status* jurídico. O diário constitui uma fração do que chamamos, no jargão dos Arquivos Nacionais, "saldo", quer dizer, dossiês que não podem ser verdadeiramente classificados ou inventariados. É claro que a leitura do diário indica que houve relações com a polícia: dois comissários são mencionados, bem como o tenente geral de polícia, pessoas eminentes do reino. Devemos observar ainda que o tenente não trata Montjean por senhor, o que não era normal, mas não podemos ir além dessa constatação. Será que eles se conheciam? Nada prova isso. As pessoas da roda habitual do senhor Montjean com certeza pensaram em mandar enclausurar sua mulher na prisão da Bastilha, daí o seu encontro com o tenente geral de polícia. Acontece que não apenas o marido se mostra hesitante em fazer isso, como o seu interlocutor, numa frase rápida, o dissuade.

A ficção se torna necessária diante da ausência de dados. Sem nenhuma prova, constatando a que ponto o esgotamento toma conta de Montjean, podemos apenas imaginar um desenlace. O meio familiar tendo se mostrado sempre intrusivo e influente, é bem possível que tenha sido pedida uma estada no convento para a senhora Montjean. É uma hipótese que tem seus méritos em vista da situação.

Na época, mandar uma mulher para o convento era relativamente frequente. De fato, em outra série dos Arquivos Nacionais, existem dossiês de mulheres fechadas no convento, sobretudo no das religiosas de Maria Madalena.[84] Lá, podem ser lidas cartas de maridos recomendando suas esposas à superiora. Regulamentos rigorosos a serem observados, anotações sobre o comportamento dessas mulheres e pedidos de perdão por parte das detentas estão ali conservados. A vida no convento está longe de ser agradável. Basta um exemplo para compreendermos isso: em 1779, um marido zangado pede que seja retirado da sua mulher todo alimento de que ela goste, e que ela seja obrigada a fazer longos trabalhos de limpeza. Essa seria uma severa punição para a senhora Montjean.

Mas o desfecho depende amplamente de um fator essencial: o amor. Uma alternativa se impõe à historiadora. Ou o senhor Montjean, ainda ligado à mulher, resiste às famílias e tenta, de qualquer maneira, restabelecer o seu lar; ou, exausto, se vendo sem saída e procurando preservar os filhos, aceita e assina o pedido para pô-la no convento. A leitura do texto do diário, as crises repetidas, seu medo crescente de se ver rebaixado a uma classe social inferior, tudo isso põe seu amor a uma dura prova. Colocá-la no convento seria um alívio para ele e, para ela, o início de uma provação sombria, longe das alegrias da pequena Paris libertina.

---

[84] A.N. L 1068 *Les Madelonnettes*, 1779. (N.A.)

> COMPREENDER?

Com paciência e impaciência, tentamos seguir e analisar um bom número de turbulências domésticas e dos amigos, raramente presente nas fontes históricas tradicionais. Corremos de um lugar para outro, de um quarto para um restaurante, de uma cozinha para casas de jogo, sem outra razão além de querer compreender o tormento de um artesão abastado, indeciso e inquieto com as atividades lúdicas de sua mulher, que escolhe não trabalhar, contra qualquer expectativa da época. Como historiadora, procurei compreender, interpretar e também descrever esse pedaço de vida. Não porque ele poderia parecer "louco", mas, antes, porque cada detalhe traz novos conhecimentos sobre as relações entre as classes sociais, sobre os desejos de um certo mundo de artesãos de se alçar entre os poderosos, mesmo sem poder, sobre o desejo feminino de ser cercada de homens, participando das festas requisitadas e dilapidando os bens do casal. Sociedade multiforme, as domésticas e as vendedoras de butique fazem igualmente o seu jogo nos dias maus, usando de suas astúcias, lágrimas e mentiras. Elas não querem perder o emprego na casa e no comércio do casal cujo indiscutível desentendimento é um impasse: o homem se diz sério (e parece ser) e faz questão de sua honra e da sua mulher; a esposa, fanática por emancipação e prazer, possui um temperamento violento que arruína e destrói. Sem contar o seu *leitmotiv* – "que ela não quer trabalhar, que cabe a um homem sustentar a mulher" –, reflexão na qual é difícil decodificar verdadeiramente a aurora de uma época emancipadora...

CONCLUSÃO
DRAMA SINGULAR

*F*ragmento isolado de uma vida movimentada, esse diário exclui toda a representatividade? No mínimo, ele constitui um signo. Nada é dito do mundo social ou político da época, enquanto é descrita, dia após dia, até a obsessão, uma situação completamente banal, que toma, aos poucos, a aparência de um magistral campo de batalha psicológico e íntimo, no qual uma dezena de pessoas está envolvida, num contexto surpreendente. Acompanhar o relato – e todos os leitores podem sentir – é uma tarefa difícil, seja para se localizar nas centenas idas e vindas, nos jantares fora ou em casa, nos encontros com amigos casuais, prontos para se aliar à mulher de Montjean nos seus desejos e sonhos. Em certos momentos, o inquietante estilo do narrador, que parece nunca respirar, faz com que nos percamos entre a dúvida e a impressão de que seria impossível dar tantos detalhes, tão claros, tão precisos, tão coloridos, tão localizados, se não fossem falsos. O indecifrável, que resiste à interpretação, não quer dizer que os acontecimentos sejam incompreensíveis. Eles o são numa certa medida, mas desenham ritmos de vida tão pouco habituais e ofegantes[85] que é preciso ter fôlego para seguir as condutas de todos e, ao mesmo tempo, se fazer inúmeras perguntas sobre essa maneira de viver, de que não se tem certeza que seja habitual.

---

[85] A não ser que seja o mesmo em toda parte, o que seria surpreendente, existem tão poucos diários íntimos que podemos ter a tentação de generalizar, o que, certamente, é um erro. (N.A.)

Historicamente, seria importante entrar nesses infinitos detalhes, que vão desde o tipo de alimentos às refeições preparadas pela cozinheira ao pequeno buraco na meia de Montjean? Podemos achar que são insignificâncias, mas não são – aliás, os antropólogos e os escritores são mais atentos do que os historiadores a esses pequenos detalhes cotidianos. Alguns historiadores já haviam começado essa corrida inabitual em direção aos sentidos dos detalhes; Robert Mandrou[86] e sua história das sensibilidades certamente foi um dos primeiros, com Lucien Febvre, e depois vieram muitos outros. As *Vidas minúsculas*,[87] do escritor Pierre Michon, abalou os laços entre ficção e história. Bem antes dele, podemos pensar em Michel Leiris, escritor de *A África fantasma*: "É impelindo o particular até o fim que atingimos o geral, e pelo máximo da subjetividade é que alcançamos a objetividade."[88] Escritos quase iconoclastas na época em que foram redigidos. Mais tarde, veio Natalie Zemon Davis e depois Carlo Ginzburg, e a micro-história fez a sua entrada:

---

[86] Robert Mandrou (1921-1984) foi historiador francês, reconhecido por sua produção no campo da história das mentalidades, discípulo de Lucien Febvre, por sua vez fundador, junto com Marc Bloch, da Escola dos Annales, corrente histórica que renovou a historiografia francesa no século XX. (N.E.)

[87] Obra publicada em 1984 e composta por narrativas sobre a vida de oito personagens, todas ligadas entre si mas que não se confundem, e que apresentam diversos elementos da própria biografia de Pierre Michon (1945-). (N.E.)

[88] M. Leiris, *L'Afrique fantôme*, 1934, p. 214. [Ed. bras.: *A África fantasma*. São Paulo: Cosac Naify, 2007.] (N.A.)

> [...] mesmo um caso limite [...] pode se revelar representativo, seja negativamente porque ajuda a precisar o que se deva entender, numa situação dada, por 'estatisticamente mais frequente', seja positivamente porque permite circunscrever as possibilidades latentes de algo (a cultura popular) [...][89]

Sobre a frase, gostaria de observar que as possíveis latências de cada um só podem ser observadas em relação a uma época e a um contexto social e político, sem os quais não teriam sentido.

Quando Michel Foucault e os que o cercavam escreveram *Eu, Pierre Rivière, que degolei minha mãe, minha irmã e meu irmão,* as precisões relatadas são importantes:

> [...] é preciso, por um lado, fazer entrar na narrativa elementos, personagens, nomes gestos, diálogos, objetos que na maioria das vezes aí não têm lugar por carência de dignidade ou importância social; e é preciso, por outro lado, que todos esses pequenos acontecimentos, apesar de sua frequência e sua monotonia, surjam como singulares, *curiosos, extraordinários,* únicos, ou quase, na memória dos homens. [90]

---

[89] C. Ginzburg, *O queijo e os vermes: o cotidiano e as ideias de um moleiro perseguido pela Inquisição*, 2006, p. 26. (N.R.)

[90] M. Foucault, *Eu, Pierre Rivière, que degolei minha mãe, minha irmã e meu irmão... um caso de parricídio do século XIX*, 1977. (N.R.)

Tenho certeza de que Michel Foucault teria "gostado" do drama familiar aqui descrito, porque muita coisa ele teria compreendido. Ele não teria cansado das palavras da mulher, parecidas, monótonas, firmes e convincentes, bem como dos acontecimentos, todos frequentes e idênticos. Ele teria ficado impressionado com o fato de que os detalhes íntimos, insignes, não deixam escapar nada do contexto político e social, e teria compreendido que, apesar de tudo, eles compõem um verdadeiro pedaço de história. Mesmo que seja porque expressam justamente a frustração feminina *e* a vontade de ascensão social diante de um luxo cada vez mais ostentatório, embora ameaçado no fim do século. Em suma, uma espécie de mergulho no abismo: o homem artesão quer continuar na sua posição social com a maior dignidade possível; a mulher rejeita o seu papel e só se rebaixa ao buscar escapar dele. Ela não consegue ascender socialmente; pelo contrário, cava a sua própria decadência. Alguma coisa de mágico acontece pois ela desce, pouco a pouco, na escala social com o risco de bater bem embaixo. Acabar ao lado de um saboiano e de uma cozinheira, que acompanham os seus dias e passeios, dá um tom patético a certas recusas diante de condições sociais julgadas insuficientes.

Com a riqueza se tornando o mérito supremo, o único verdadeiro, os corpos se transformam[91] e as indumentárias acompanham. Tomam-se ares de importância risíveis e, como diz Saint-Cyr, em *Tableau du Siècle*:

---

[91] P. Perrot, op. cit., p. 37. (N.A.)

"A cidade é o macaco da Corte."[92] É o caso da senhora Montjean, que imita, sem gosto nem maneiras, as vaidades cortesás. "A torrente da moda é desenfreada, versátil, turbilhonante",[93] e corrói a legitimidade transcendental da monarquia. Não se luta politicamente classe contra classe; as pessoas se avaliam pelo comprimento das roupas, pelos retratos, jantares e *comédies*. O investimento da senhora Montjean, nesse dispositivo deletério, é uma espécie de travestismo fracassado. E, como é fracassado, a sua vida vai se desmanchando aos poucos, assim como o seu corpo e sua aparência, dos quais ela faz tanta questão. Ela é vista vomitando e desalinhada inúmeras vezes, ao passo que a vida do seu marido também não é invejável.

Esta história é o reflexo de uma situação marcante cujos detalhes dão razão àqueles que pesquisam no interior dos seres e das coisas. Através desses personagens, todos singulares, um *ser coletivo* se constitui. Também existem entrelaçamentos sucessivos de uns com os outros, mesmo que cada indivíduo mantenha os seus gestos, a sua voz, a sua doçura, a sua violência e eloquência. Vemos, a cada passo, a cada atitude, a cada reivindicação e súplica, um conflito que ultrapassa o espaço doméstico para se tornar uma realidade de ordem política, algo que os cronistas da época se divertiram em destacar, como o fizeram Restif de la Bretonne ou L. S.

---

[92] Saint-Cyr. *Tableau du siècle*, 1759, p. 141. (N.A.)
[93] P. Perrot, op. cit. (N.A.)

Mercier, ou mesmo o livreiro Siméon-Prosper Hardy[94] no seu diário *Mes Loisirs*.

Transformar seu papel num outro, sobretudo quando se é mulher, é querer barrar o caminho da ordem existente. Não seria esse o início da revolta? A sua própria essência? Enquanto isso, o marido artesão tenta assumir a sua função gaguejando, procurando desesperadamente fazer os melhores e mais promissores negócios, apesar da mulher impetuosa e decidida que atrapalha suas tentativas, embora ela esteja bem à frente dele; o que a caracteriza é mais "o possível lazer" do que uma atitude feminista. A não ser que, no século das Luzes, as duas coisas possam se encontrar em algum lugar.

A discrepância entre os dois membros do casal tem outro efeito: ela destrói a ideia que se fazia na época do casal de artesãos e seus filhos, observados pelos habitantes, julgados por eles, aproveitando do mercado econômico, pois eles se tornarão ou não seus clientes. O engajamento conjugal do casal de artesãos (se pusermos à parte a violência entre os casais, os adultérios, as mulheres libertinas) é rompido e, desde então, compreendemos melhor por que os Montjean estavam fechados em si mesmos e com poucos amigos – alguns mais interessados do que fiéis; outros, em certos momentos,

---

[94] Siméon-Prosper Hardy (1729-1806) foi um impressor e livreiro francês que escreveu, entre 1753 e 1789, um extenso diário em doze volumes narrando acontecimentos de sua época em detalhes. O material é tido como um dos principais documentos para se compreender a sociedade urbana francesa do século XVIII. (N.E.)

tomados de compaixão e desejosos de um entendimento, ainda que traindo a sua palavra já no dia seguinte. Aqui, a história balbucia, sobretudo a do masculino/feminino, em que cada papel tenta se definir, sobretudo o da mulher.

Tomemos um exemplo modesto, se é que assim podemos dizer, tirado do diário de Montjean: o uso do fiacre. Todos os dias em que alguém usa o fiacre, em que chama um fiacre para ir a algum lugar e volta tarde da noite em outro. Montjean, Deligny e as empregadas se insurgem contra essa facilidade de chamar o cocheiro e contra as despesas que daí decorrem. Pois bem: L. S. Mercier, como tantos outros, diz bem que o fiacre e o cocheiro não representam muita coisa para os ricos. Na verdade, mais abaixo na escala social, usa-se a "turgotine"[95] (pintada por Gabriel de Saint-Aubin),[96] onde as pessoas se amontoavam de pé, num chão lamacento. É fato que o fiacre é bem mais confortável, mas está longe de ser luxuoso. Acontece que o fiacre, para Montjean, é um dos atributos que caracteriza a vontade de poder da sua mulher. Ele mesmo explica que é a pé que irá para Gisors ver o pai da sua mulher, a fim de economizar.

Tais detalhes dão o que pensar: para a senhora Montjean, o fiacre não é o mesmo objeto que o usado

---

[95] Nome derivado de Turgot, iniciador das mensagens reais. Trata-se de uma antiga diligência pública. (N.T.)
[96] Gabriel de Saint-Aubin (1724-1780) foi um célebre pintor francês, cuja produção deu importância à observação das cenas encontradas nas ruas de Paris. (N.T.)

pelo seu marido. É um veículo indispensável, onde se pode conhecer outras pessoas; é ainda uma maneira de ser transportada, e os aristocratas assim o eram... em carruagens. O fiacre, nesse caso, "leva" a mulher para os seus prazeres, sendo que ele "transporta" o artesão para entregar suas encomendas. Não é a mesma coisa. A apreensão de semelhante atitude contradiz "a uniformidade de uma mentalidade", conceito caro a alguns sociólogos.

Por isso, poderíamos tentar, partindo desse texto, seguir as exortações do antropólogo Albert Piette, no seu livro *Ethnographie de l'action*: "Registrar o fluxo da vida, é captar o vivido do momento, segundo os humores, os sentimentos e as diversas emoções, como uma obrigação ou uma imposição, uma estratégia, uma liberdade".[97]

O homem ou a mulher não são apenas produtos da sua cultura: sua voz, suas posturas, seus gestos e suas hesitações organizam uma história e a História. Na verdade, eles produzem um todo; a sua heterogeneidade permite que este ou aquele tipo de acontecimento histórico possa ou não ocorrer. A consciência individual está sempre presente, mesmo quando o indivíduo "é inteiramente invadido por uma representação ou uma emoção coletiva".[98]

---

[97] A. Piette, *Ethnographie de l'action, l'observation des détails*, 1996. (N.A.)
[98] M. Mauss, *Sociologie et anthropologie*, [1964] 1985, p. 290. [Ed. bras.: *Sociologia e Antropologia*. São Paulo: Ubu Editora, 2017.] (N.A.)

O que primeiro salta aos olhos na leitura do diário é a exiguidade do grupo: a família, duas empregadas, quatro ou cinco amigos, alguns que mudam ao sabor do tempo. No centro da sociabilidade dos artesãos, há realmente pouco. Devemos lembrar do ano de 1750, quando o tenente geral de polícia decide, cumprindo ordens, perpetrar a retirada, em plena rua, dos filhos muito jovens dos artesãos, chamados de pivetes. Houve então uma revolta: ela teve seus caminhos, suas lógicas, seus mortos etc. – atos revoltosos intensos contra uma situação política julgada insuportável. Paralelamente, houve muitos gestos surpreendentes: pais que iam levar sopa na prisão para os filhos; outros procurando lhes dar algumas aulas de escrita; homens e mulheres, sem os filhos, indo "bater" nas portas das prisões e se insurgindo contra essa crueldade. Aí, se lê o apego dos pais aos filhos, a sua educação e também a revolta diante da injustiça: "A coletividade deixa sempre ao indivíduo sua consciência", e isso não arruína o coletivo nem a consciência individual; ao contrário, tece-os para que se faça a história.

Os sinais percebidos da personalidade da senhora Montjean oscilam entre os elementos patéticos pessoais, a constatação da sua total incompreensão do mundo social e até mesmo a indiferença na qual ela vive. Para ela, não há sentido nas emoções coletivas que se passam em solo parisiense. Só o indivíduo conta. Ela não vive fora do campo social, pois conhece perfeitamente os usos e costumes dos poderosos e dos aristocratas, mas não possui nenhuma percepção do que lhe pode acontecer se tentar integrar tal meio. Pais, irmãos, irmãs, família, empregados, ninguém tem influência sobre ela, que quer jogar com todos os símbolos de uma essência burguesa inatingível e muitas vezes imaginária, da qual ela não conhece todas as entradas. Ninguém consegue fazê-la raciocinar. Ela mergulha numa fantasia, a da grandeza, um mundo de emoções se abre e ela gostaria de experimentá-las.

Até o duelo, forma suprema da virilidade aristocrática, é concebido por todas essas pessoas, terminando de maneira lamentável entre bastonadas, desencontros e esquivas para não se apresentar na hora marcada. O duelo acaba devido a sua própria caricatura; no entanto, para a sociedade, é o apogeu do gesto aristocrático. Contudo, a distância entre os participantes desse duelo e os "verdadeiros duelistas" é tão grande que tudo desmorona entre vergonha, golpes e bebedeiras. O combate revela muitos desejos de uma outra sociabilidade.

Podemos achar que o "duelo" é um dos momentos centrais dessa "epopeia", pois tudo vacila e nenhuma regra é respeitada, sendo que as regras são muito importantes para que o desafio seja o reflexo do pacto de honra e de sangue. Ele se desenrola numa nuvem de intenções e em meio a proibições, que não dão direito a ninguém e impedem qualquer "sacralidade" do gesto, se é que havia alguma.

Existem lógicas individuais nas representações coletivas, mas essas lógicas se chocam contra muros porque pertencem a outro mundo, que não podemos atingir.

"Olhem os seres na situação",⁹⁹ como diz Albert Piette. No centro da relação criada pelo casal Montjean, de maneiras diferentes para um e para o outro, "há duas individualidades que [às vezes] não chegam à altura da ligação".¹⁰⁰ A senhora Montjean nunca chegaria a um relacionamento que a satisfizesse. Os que ela encontra não passam de pálidas cópias do mundo que ela deseja, simulacros que lhe darão um prazer momentâneo, trazendo algum dulçor a sua vida, sem jamais significar a sua entrada no mundo dos poderosos. Por isso, compreendemos melhor a sua agitação quase "patológica" (se é que a palavra não é anacrônica), sua não adaptação à família, aos seus pais, assim como às irmãs e aos filhos. A heroína que ela quer ser tem outra deficiência: a ideia que ela faz da mulher. Tendo muitas oportunidades de levar uma vida desocupada no campo, o trabalho é, para ela, uma degradação. A complexidade da sua atitude é que hoje em dia podemos considerar como libertador o desejo de luxo; acontece que, acompanhando-a passo a passo, diariamente, como ela faz com esse imperativo mil vezes repetido, percebemos que ela se situa num contexto bem diferente: o do desprezo pelo meio artesão.

Ao querer sair da sua condição, a esposa ambiciosa e volúvel revela seus limites. Uma vida em que o trabalho

---

[99] A. Piette, "Singularité et relation", in *De l'ontologie en anthropologie*, 2012, p. 65. (N.A.)
[100] Ibid., p. 66. (N.A.)

vira tédio, em que os filhos necessitam de uma boa parte dos seus cuidados, em que os seus desejos são contrariados porque não estão de acordo com seu *status* nem com a sua reputação e que representam o agir de uma classe que ela rejeita; o seu drama está bem no centro do descompasso aberto pela sociedade do Antigo Regime. A senhora Montjean não pode sair do regulamento social das existências. Seu marido não escapa disso, ele se firma na sua condição para ter a certeza de ganhar seus bens honradamente. Esse estado de coisas poderia, eventualmente, fazer lembrar Madame Bovary, ou outros personagens, mas a senhora Montjean vive uma situação ainda mais modesta. O seu aborrecimento vem de "não ser o que ela quer ser" e se aloja na sua vontade de aparecer no "mundo".

Bem diferente da personagem imaginada por Flaubert, ela permanece emparedada pelas suas interdependências e busca o atordoamento mais do que a sublimação pela paixão – solução impensável antes da fase romântica. O tédio é a causa do mal-estar, e as suas formas variaram ao longo do tempo. Como não pensar, também, nos personagens descritos por Marguerite Duras ou, ainda, nas burguesas dos anos 1960, fechadas em casa, sem trabalho nem diversões, devendo repetir os mesmos gestos todos os dias, as mesmas palavras, e revolver os mesmos pensamentos. A senhora Montjean imagina sair da sua condição para escapar do langor, sendo que as suas herdeiras contemporâneas vão se afundar na depressão, bem conscientes das invisíveis fronteiras sociais.

Não posso deixar de dizer: a primeira vez que lemos na narrativa "Cabe a um homem sustentar a mulher", percebemos o desejo de inversão de papéis, uma contestação do domínio masculino; na verdade, trata-se de uma mulher cansada de não ser poderosa e reconhecida, como queria ser. A senhora Montjean não pode ser incluída numa leitura moderna, posto que isso falsearia o processo entrevisto aqui. Parece mais que estamos diante de um problema muito pesado e frequente de ascensão na hierarquia social, oferecido pelo luxo aristocrático. Deparamo-nos com a difícil instauração de estruturas de análise adequadas no que concerne às relações masculino/feminino, sobretudo se não examinarmos de perto a espantosa estratificação da sociedade e a exibição perpétua do luxo.

Como historiadora, o fato de ter querido refletir a respeito do que faz Montjean ao escrever o seu longo diário, quase de uma tacada, não obedece, da minha parte, a nenhum prazer descritivo particular, nem mesmo a uma vontade de tornar ainda "mais minúsculo" o que já o é em si. Eu quis acompanhar o caminho árduo de um homem machucado, memorizar historiograficamente as condições concretas nas quais esse indivíduo simples e os que o cercam agem, pensam, se enraivecem com a sua impotência, olham e invejam os outros. Tentei analisar de maneira minuciosa o fato de que não havia homogeneidade social, e que as aspirações sociais podem desajustar ou desfazer as situações que pensávamos ligadas a um modelo intangível e homogêneo. Tanto ontem quanto hoje, as revoltas pessoais se imiscuem nos diferentes interstícios das existências.

Esse diário tem alguma coisa de um filme rodado depressa, e o historiador deve tentar "fazer rodar a bobina" na mesma velocidade, senão nunca dará conta das realidades e das complexidades sociopolíticas de uns e de outros. Ignorá-las é recusar nosso presente; mais ainda, é se colocar na impossibilidade de mergulhar no futuro.

História não é saber descrever as mil e umas refeições de ostras dos Montjean, nem a cor do "ruge nas faces" da senhora Montjean, mas penetrar os gestos e as intenções mais sutis de uns e outros, a fim de que não seja mais usada a expressão tão frequentemente enunciada para referir-se aos menos abastados: "aqueles lá..." Eles são "agentes" cuja presença, gestos e palavras desfraldam uma história a qual, efetivamente, não dedicamos o tempo de contar na infinita diversidade de seus dias. Walter Benjamin gostava de cobrar isso da história.

BIBLIOGRAFIA

BILLACOIS, François. *Le duel dans la société française des XVIe – XVIIIe siècle: essai de psychologie sociohistorique*. Paris: Éditions de l'EHESS, 1986.

BOURGUINAT, Elisabeth. *Le siècle du persiflage, 1734-1789*. Paris: PUF, [1998] 2016.

DELON, Michel. *Le savoir-vivre libertin*. Paris: Hachette, 2000.

FARGE, Arlette. *Un ruban et des larmes, un procès en adultère au XVIIIe siècle*. Paris: Éditions des Busclats, 2011.

FARGE, Arlette; FOUCAULT, Michel. *Le Désordre des familles, lettres de cachet des archives de la Bastille*. Paris: Gallimard, 1982.

FEDERICI. *Flagrants délits sur les Champs-Elysées, 1777-1791*. Paris: Éditions Mercure de France, 2008.

GODINEAU, Dominique. *Les femmes dans la société française, XVIe – XVIIe siècle*. Paris: A. Colin, 2003.

LEIRIS, Michel. *L'Afrique fantôme*. Paris: Gallimard, 1934. [Ed. bras.: *A África fantasma*. São Paulo: Cosac Naify, 2007.]

MAUSS, Marcel. *Sociologie et anthropologie*. Paris: PUF [1964], 1985, p. 290. [Ed. bras.: *Sociologia e Antropologia*. São Paulo: Ubu Editora, 2017.]

MERCIER, Louis-Sébastien. *Tableau de Paris*, vol. I. Paris: Éditions Mercure de France, 1994.

_____. *Tableau de Paris*, vol. II. Paris: Éditions Mercure de France, 1994.

PERROT, Philippe. *Le travail des apparences ou les transformations du corps féminin, XVIIIe - XIXe siècle*. Paris: Seuil, 1984.

PIETTE, Albert. "Singularité et relation", in *De l'ontologie en anthropologie*. Paris: Berg International, 2012, p. 65.

_____. *Ethnographie de l'action, l'observation des détails*. Paris: Éditions Métailié, 1996.

ROCHE, Daniel, *La Culture des apparences: Une histoire du vêtement (XVIIe-XVIIIe siècle)*. Paris: Fayard, 1988. [Ed. bras.: *A cultura das aparências*. São Paulo: Editora Senac, 2007.]

_____. *Le Peuple de Paris*. Paris: Aubier, 1981. [Ed. bras.: *O povo de Paris. Ensaio sobre a cultura popular no século XVIII*. São Paulo: Edusp, 2004.]

_____. *Ménétra, compagnon vitrier au XVIII, Journal de ma vie*. Paris: Montalba, 1982.

SAINT-CYR. *Tableau du siècle*. [S.l.] Genebra, 1759.

SETH, Catriona. *Les Rois aussi en mouraient. Les Lumières em lutte contra la petite vérole*. Paris: Éditions Desjonquères, 2008.

VOLTAIRE. *Le Pauvre Diable*, [S.l.: s.n.]V. 385-388, 1760.

REFERÊNCIAS DA EDIÇÃO

BENJAMIN, Walter. "Sobre o conceito da história", in *Magia e técnica, arte e política. Ensaios sobre literatura e história da cultura. Obras escolhidas* – vol. 1. Trad. Sérgio Paulo Rouanet. São Paulo: Editora Brasiliense, 1987.

DIDEROT, Denis. *A religiosa*. São Paulo: LeBooks Editora, 2020.

FOUCAULT, Michel. *Eu, Pierre Rivière, que degolei minha mãe, minha irmã e meu irmão... um caso de parricídio do século XIX*. Rio de Janeiro: Edições Graal, 1977.

HUGO, Victor. *Os Miseráveis*. São Paulo: Cosac Naify, 2002.

ROUSSEAU, Jean-Jacques. *Júlia ou a nova Heloísa*. São Paulo: Hucitec, 2006.

GINZBURG, Carlo. *O queijo e os vermes: o cotidiano e as ideias de um moleiro perseguido pela inquisição*. São Paulo: Companhia das Letras, 2006.

OBRAS DE
ARLETTE FARGE

Vies oubliées. Au cœur du XVIIIe siècle. Paris: La Découverte, 2019.

Il me faut te dire. Paris: Les éditions du Sonneur, 2017.

La Révolte de Mme Montjean. Paris : Albin Michel, 2016.

Comment vient une passion. Paris: La Pionnière, 2016.

Les Passants. Paris: La Pionnière, 2016.

La Capucine s'adonne aux premiers venus. Récits, suppliques, chagrins au XVIIIe siècle. Paris: La Pionnière, 2014.

La Déchirure. Souffrance et déliaison sociale au XVIIIe siècle. Paris: Bayard, 2013.

Un ruban et des larmes, procès en adultère au XVIIIe siècle. Paris: Éditions des Busclats, 2015.

Essai pour une histoire des voix au XVIIIe siècle. Paris: Bayard, 2009.

Le Silence, le souffle. Paris: La Pionnière, 2008.

Flagrants Délits sur les Champs-Élysées: Les dossiers de police du gardien Federici (1777-1791), com Laurent Turcot. Paris: Mercure de France, 2008.

Effusion et tourment, le récit des corps. Histoire du peuple au XVIIIe siècle. Paris: Éditions Odile Jacob, 2007.

Quel bruit ferons-nous?. Paris: Les Prairies ordinaires, 2005.

Le Bracelet de parchemin. L'écrit sur soi au XVIIIe siècle. Paris: Bayard, 2003.

La Nuit blanche. Paris: Seuil, 2002.

Séduction et sociétés: approches historiques, com Cécile Dauphin. Paris: Seuil, 2001.

Les dahlias sont rouge sang. Paris: La Pionnière, 2000.

La Chambre à deux lits et le cordonnier de Tel Aviv. Paris: Seuil, 2000.

Fracture sociale, com Jean-François Laé. Paris, éditions Desclée de Brouwer, 2000.

Des lieux pour l'histoire. Paris: Seuil, 1997.

Le Goût de l'archive. Paris: Seuil, 1989.

De la violence et des femmes, com Cécile Dauphin. Paris: Albin Michel, 1997.

Les Fatigues de la guerre. Paris: Gallimard, 1996.

Le Cours ordinaire des choses dans la cité du XVIIIe siècle. Paris: Seuil, 1994.

Dire et mal dire, l'opinion publique au XVIIIe siècle. Paris: Seuil, 1992.

Histoire des femmes XVIe siècle-XVIIIe siècle: tome 3, com Natalie Zemon Davis.

Paris: Plon, 1991.

Logiques de la foule, l'affaire des enlèvements d'enfants – Paris 1750, com Jacques Ravel. Paris: Hachette, 1988.

La vie fragile: Violence, pouvoirs et solidarités à Paris au XVIIIe siècle. Paris: Hachette, 1986.

Le Désordre des familles, lettres de cachet des archives de la Bastille, com Michel Foucault. Paris: Gallimard, 1982.

Le Miroir des femmes: textes de la Bibliothèque bleue. Paris: Montalba, 2000.

Vivre dans la rue à Paris au XVIIIe siècle. Paris: Gallimard, 1979.

Délinquance et criminalité: le vol d'aliments à Paris au XVIIIe siècle. Paris: Plon, 1974.

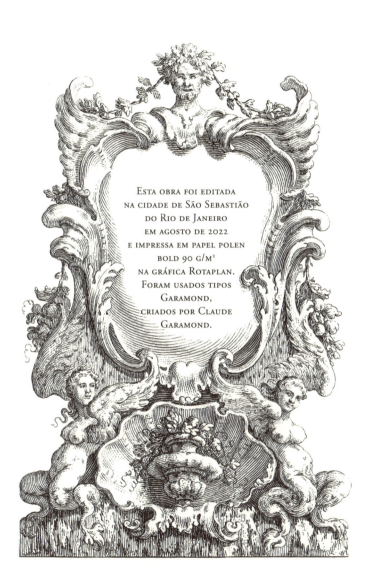

Esta obra foi editada
na cidade de São Sebastião
do Rio de Janeiro
em agosto de 2022
e impressa em papel polen
bold 90 g/m²
na gráfica Rotaplan.
Foram usados tipos
Garamond,
criados por Claude
Garamond.

CIP-BRASIL. CATALOGAÇÃO NA PUBLICAÇÃO
SINDICATO NACIONAL DOS EDITORES DE LIVROS, RJ

F232r

Farge, Arlette, 1941-
 A revolta da senhora Montjean : a história de uma heroína singular às vésperas da Revolução Francesa / Arlette Farge ; tradução Maria Alice Doria. - 1. ed. - Rio de Janeiro : Bazar do Tempo, 2022.
 160 p. ; 21 cm.

 Tradução de: *La révolte de Mme Montjean : l'histoire d'un couple d'artisans au siècle des Lumières*
 Inclui bibliografia
 ISBN 978-65-84515-11-6

 1. França - História - Séc. XVIII. 2. Artesãs - Condições sociais - França - Séc. XVIII. I. Doria, Maria Alice. II. Título.

22-79634   CDD: 944.034
                                          CDU: 94(44)"1715/1774"

Meri Gleice Rodrigues de Souza - Bibliotecária - CRB-7/6439 26/08/2022